讓愛成為一種能力

在關係中滋養彼此，
讓你更敢愛、懂愛、親近愛

黃士鈞（哈克）著

〈推薦序〉

在關係裡，讓「愛」和「願意」保持活絡

敘事取向訓練講師、督導、心理師 **黃錦敦**

看到哈克寫「關係」的書，讓我想到兩個畫面。

這幾年在我和哈克合作的工作坊裡，我一次次見證哈克陪伴許多在關係裡受困的人。我常見的畫面是哈克做治療示範，主角在工作坊裡說著自己的困境故事，專注的哈克聽到某個段落，就為主角選一首音樂，按下播放鍵，瞬間，音樂和主角的故事交織在一起，鑽進了現場每個人的心裡。接著他拿起麥克風說話，主角的傷即轉化成淚珠，大串大串地掉落，療癒之路，隨著音樂繼續前行，愛，在哈克的話語裡有層次地暈開。主角因為委曲被理解、傷痛被承接，人被珍惜呵護，於是內在就開始移動，找到可以繼續前行的路。在這樣的畫面裡，「陪人走過關係的困境」是哈克的專長。

在工作坊的哈克，是一個很有天賦的治療師，但在生活裡的哈克，平凡如你我，也會受困在關係裡。這幾年來，有幾次我接到快垮掉的哈克打來的電話，在電

話的那一頭，那個交雜著委屈、傷心、憤怒、挫折的哈克，像是被ＫＯ倒地的拳擊手，連起身的力氣都沒有。哈克並沒有因爲他是「有天賦的治療師」，就能豁免在關係裡的困境，該發生的，看來他一樣也沒少。

我想，就是因爲他生命裡同時擁有這兩個畫面，才能成就這樣的一本好書。

在書裡，常看到哈克這類的自我對話：「……痛苦坐在床頭生悶氣的我，問自己說：怎麼會這樣？沒有其他的可能性嗎……下次如果又重演一次這樣的戲碼，我可以加入哪些新的好東西？」其實這幾年，我觀看在關係裡受困的哈克，讓我最佩服的是：即便他被ＫＯ倒地，每次只要他能量稍微回復，就會掙扎站起，回過身來，看看有沒有辦法能讓關係裡的愛，繼續流動。所以哈克幾乎是我看過，最願意也最能夠在親密關係裡「研發新方法」的人。因此這本書裡集結了許多哈克獨家研發的法寶，說著關係如何親近？困境如何突破？有步驟、有句型，所以，這是一本可以具體操作的實用手冊。

但在長期關係裡，如果只講方法，會發現很多時候根本行不通。因爲在長期的關係裡，碰撞摩擦難免，解決的速度常跟不上碰撞的來到，一不小心，就從愛侶變成怨偶。心裡都知道，對彼此的愛還在，但因爲摩擦逐次累積，那份愛和願意，就被鎖在一層又一層的櫃子裡。愛和願意一消逝，再好的方法，也毫無用武之地。

哈克的生命，好像早知道這一點。

好幾次我看著哈克與其夫人、孩子之間簡單不過的生活互動，回到家裡，自己對家人都會溫柔了起來。閱讀哈克這本書，感受最深刻的還是這種力道，當我讀到「因爲有人這樣凝視我們，我們才敢偷偷的相信我們值得被愛……不如我先發動，好好凝視你」「……照顧這顆心，讓這顆心在一年一年努力的長大之後，有被帶回家的好時機」，不知不覺中，溫柔已鑽進了自己的心裡。

我細思，這種溫柔從何而來？我想，是心中的「愛」被喚醒，是心中的「願意」，也被撐開了。在關係裡，愛和願意如果能保持活絡，所有連結關係的方法，才會有眞正的生命。

因此你在閱讀此書時，可別忘了好好跟隨著哈克的文字，讓他把你心中已沉睡的愛，一個個叫起床，讓甦醒的「愛」創造「願意」的大空間，好搭配他所研發的諸多法寶，讓我們在親密關係裡，有整套的好東西可以使用。

如果說愛、願意和方法，是通往親密的路徑。在這本書裡，我們可以看見哈克透過這個路徑，不斷地搓揉著兩條線：愛自己的線和愛對方的線，透過這兩條線才能織出一塊名爲「親密關係」的織錦，我想，這是走向健康關係的重要途徑。

願意照顧好自己，也願意照顧著對方，讓關係在這過程裡逐次搭建，這樣的關係才會令人迷戀，渴望長久。就讓哈克的文字領著我們，往此境地前行吧！

〈推薦序〉

男人，也很需要被愛！

作家、廣播節目主持人，最新著作《向宇宙召喚幸福》 **吳若權**

我是個把時間精緻化運用到已經對日期無感的人，記不起上次在電台訪問哈克老師是多久以前的事情，彷彿還歷歷在目呢！直到出版社送來他熱騰騰的新書書稿《讓愛成為一種能力》，我才能憑常識推論那至少會是相隔半年或一年以上的時間，不過無論是多久之前、或多久之後，哈克老師既理性又溫柔、既陽剛又圓融的特質，深植我的心中。

百忙中細細捧讀哈克老師最新作品《讓愛成為一種能力》，很佩服他的誠懇與用心，為了幫助讀者找回愛的能力，把他家中大小事都搬出來，舉凡一家四口的甜蜜或衝突，還有他和爸爸、爺爺之間互動的感謝與遺憾，都毫不吝嗇地以生動感人的文字，建構出具體的畫面，呈現在讀者眼前。

當然這些偉大的犧牲，都必須架構於充滿智慧與實用的理論基礎之上，才有貢獻的價值。哈克老師十分慷慨地把他深厚的心理諮商專業知識，整理成每個人經過練習之後都能善用的技巧，透過深呼吸與句型的運用，將原本可能脫口而出就會造成情緒傷害的話語，變成付出愛與關懷的堅定表達。

而他的文筆細膩，除了心理諮商師很擅長用的故事隱喻之外，還把他始終無法忘情的文青感懷，化作文藝腔十足、近似偶像劇對話的感性告白，讓讀者在閱讀本書時處處驚豔。諸如：「很想很想確定，會有一個人，即使我們無理取鬧，他都會把我擁入懷裡，完整地疼愛。」「我把你當空姐；你把我當空氣。」「於是，憂傷，有了藍色的深潭相伴；於是，孤單，有了稻穗般的大地當背景；於是，快樂，有了寬寬廣廣的天空可以飛舞。」

閱讀哈克老師的文字，常讓我透視他的潛意識，他不會以自己是一位心理諮商師而滿足，他期望自己是一位喜歡表演的藝術家，在療癒的舞台大放光芒。然而，眞實的人生中，他卻是一個很渴望、極度需要被愛的男人。而且，還常有「情緒瞬間位移」的衝動，必須靠很多深呼吸，才能回到愛的世界。這點，我就必須替讀者們感謝師母，幫大家把哈克老師照顧得那麼週到。讓他可以留在有愛的空氣中，繼續和讀者分享，傳授如何找回愛的能力。

對我來說，愛是本能。但既然哈克老師寫了這本《讓愛成為一種能力》，表示他觀察到很多人已經失去了這種能力，祝福讀者可以在愛中學習，讀完《讓愛成為一種能力》之後，大大增強愛的功力。

〈推薦序〉

給仙人掌男人的蛻變手冊

資深靈魂，光工作者 **王理書**（Mali）

男人有很多種，有些男人像仙人掌，很久澆一次水就可以活；有些男人則像綠葉植物，要經常澆水才能綠意盎然。若把水比喻爲甜蜜寵愛，哈克絕對是綠葉植物，他需要很多水，而且，一定要經常被灌溉才會滿足。

看到這裡，有人可能會狐疑起來，這不是很ㄋㄧㄠ（=ㄋㄠ+ㄋㄧㄤˊ，是我自創的詞）嗎？小孩子才需要這樣，大男人哪需要經常被寵愛？不是這樣的。事實上，那些像仙人掌的大男人，早就因爲乾渴過久，而把綠葉退化爲針葉，以防死亡，需求因爲匱乏過久，早就麻痺了。這些被寵需求麻痺，不在親密關係中坦蕩討愛的仙人掌男人，事實上並沒有停止討愛；他們只不過用罵人來討愛、用冷漠來討愛、用生病來討愛，甚至用拚命賺錢或亂把馬子來麻痺那對寵愛的飢渴。而那退化爲針狀的葉子，也讓想擁抱他們的女人，無從貼近他們的心靈。

哈克是我認識的男人裡，最會給寵愛的人。寵愛他的夫人和兩個女兒，還寵愛他身邊的學生。我會說，因爲他能坦蕩討愛，所以才能大方給愛。他不只是綠葉植物，他綠意盎然，擁有無數又大又厚又多的綠葉，向周圍釋放出滿滿綠意的氧氣，滋養著身邊的人。而這坦蕩討愛以及愛意茂密的秘訣，就是這本書最大的寶藏。

閱讀這本書像挖寶，挖喔，哇喔！原來還能這樣呀?!是我閱讀這本書最多的讚嘆。他這樣說：「有個週六中午，女兒好不容易睡了，有氣無力的我，不太敢奢望但決定唉唉叫一下說：『我好想被寵愛喔！』夫人很好心地說：『我來幫你挖耳朵。』……」看到這裡，我哈哈大笑，就是這樣容易呀，眞了不起!!直接說需求，眞的好簡單。想想看，一般男人會怎麼說：「好累喔！哄女兒睡著眞累。」然後呢？旁邊的老婆可能會說：「對呀，我也好累喔！」……然後呢？接下來會發生什麼事？兩夫妻一起說累，然後呢？

「我好想要被寵愛喔！」是不是一個神奇的句子，在夫妻倆都累壞的瞬間，把氣氛調整成「親密親愛的雙人互動」。如果挖完耳朵之後，換哈克寵愛夫人……如果婚姻中經常這樣互動，會不會天長地久？

在第一本書《做自己，還是做罐頭？》哈克教會我們表達需求，他眞的是我認識的人裡面，最會表達需求的高手。在這本書裡，哈克說得更細緻了，如何在親密關係中，表達需求，回應需求，而且是，一對兩人都累壞的夫妻或情侶，還要如何彼此寵愛?!書中有太多秘笈，那是身爲好治療師、好情人、好爸爸的基底下，多年修煉成的好丈夫哈克，才能教得如此細緻美好的實用手冊。

書中有個例子，我印象深刻。不愛洗碗的哈克深知夫人希望自己能幫忙做家事。怎麼辦？他發現「吃剩菜」也會讓夫人開心，也幫忙到飯後的收拾。於是，在書中，他教我們：「如果＿＿＿＿，那就來＿＿＿＿！」的句型。「如果我沒有力氣幫忙做家事，那就來開心地把剩菜吃光光！」書中提供了好多這樣的句型，來教我們愛自己、肯定自己，教我們在親密中表達受傷而不受傷，表達情緒而不弄擰關係，要求寵愛而回報疼愛。

許多戀愛到了衝突期，就發現失去了激情而只剩疲憊。許多男女到了成婚生子後，都覺得兩人只是一起養家顧家做父母。每天都在付出和疼孩子，把自己燃燒掉了，卻沒有溫柔地滋養與相互疼愛的樂趣。我想，這是哈克的天分，永遠不會讓被寵愛的需求遲鈍，永遠不讓情感的滋潤乾枯，永遠不讓給予的油表到紅線才加油，時時刻刻「愛親近．親近愛」，就不需要許諾，就自然天長地久了。我想，這是這本書給讀者的祝福和啓發。

我喜歡哈克在這本書裡的說話方式，讀著讀著，每每像是看到他拿著麥克風，在工作坊裡說話，台下的女孩或女人，男孩或男人，或微笑或含淚的神情。摘錄一段很美的話，作爲這推薦的收尾。

於是，傷心了，就眞的傷心，不假裝沒事，也不放大傷心。挫折了，就眞的挫折，不以爲沒事，也不延長挫折。於是，有偷偷地竊喜，就眞的低頭竊喜，爽在心底！聽到了開心的消息，就讓臉上心上，一起歡欣鼓舞！

感情如水，不只是舒爽的溫泉池，衝突到了更如波濤洶湧的大海；而當我們願意跳入，讓脆弱在愛人面前呈現，用自我負責前進，就是無比的大勇。對我而言，哈克是勇敢的，如此勇於在情感的大海中游泳，爲了親密而無所畏懼，這就是敢愛的男人。

推薦這本書給天下的女人，祝福你身邊的男人，能繼續保持綠葉茂密。或是，能因爲被滋養而葉子越來越肥厚。甚至，那些仙人掌型的男人，開始因爲水分夠了，可以蛻變，找回自己內在豐美的愛意與柔軟。推薦這本書給許諾在愛的路上，時時刻刻愛親近的男女朋友，無論在戀愛關係、夫妻關係，甚至是朋友關係或養兒育女，這本書有很多絕招，教會我們，如何在情感的大海中游泳。

〈推薦序〉

這個年代，我們都需要愛

諮商心理師 貴婦奈奈

看哈克這本書，眼裡不斷冒出幸福的淚光，心裡想，這個年代，我們需要的就是這些愛的能力——放下自尊與內在的自己面對面、眞心袒露自己的脆弱、打開心與他人交會、全心支撐親密愛人的能力。當越來越多人擁有愛的能力，台灣一定會更幸福。

和我同爲諮商心理師的哈克前輩，耐心地用一個又一個的故事，把他對親密的詮釋、對愛的定義、對關係的形容，以及所謂幸福的畫面循序漸進、完整地說出來。這本書簡直就是我們從學習心理諮商、接受督導、接個案、進行工作坊十多年來的專業訓練，再加上深厚的人生智慧，還有大量的愛，熬成的一鍋眞愛心靈大補湯，享用完畢，你將會渾身充滿愛的魅力！

二十多歲時，進了研究所接觸心理治療，讓我把對「愛與被愛」的認知整個打掉重新建構，我重新解讀並體驗「愛與被愛」的意義和感覺，才恍然大悟：原來愛有這麼大的學問！愛對方與做自己之間一定要平衡。親密關係的殺手往往是情緒，而不是問題本身。學不會表達，就學不會溝通，而眞心的表達可是難爲情到極點。非語言的力量比語言更大。情緒會影響行爲，反過來行爲也可以控制情緒，做一些好的行動就能解決情緒的困擾。以前我從未讚美過前男友，只有無止盡的挑剔，因爲我也是這樣鞭策自己，希望自己更好，也希望對方更好，我以爲這才是愛，忽略了不只自己需要被關愛，對方也需要我的滋養，才能一起成長。難怪之前的戀情總是無味的收場，很快就膩，很快就討厭對方討厭得要命。

後來，我越來越理解自己和別人行爲背後的動機和意義，說穿了都是爲了愛。當我覺察了，很快就能改變。我練習看見對方的美好，看見自己的進步，我的心越來越敞開，我的世界也越來越自由。這些學習和練習對我的幫助極大，不只家庭關係美好的修復，連親密關係也幸福地大躍進。從一個喜歡考驗、等愛、易怒、看什麼都不順眼的被動女憤青，變成能夠接納、允許、充分開放表達自己的完熟女。我愛現在的自己。

愛需要不斷練習，才會精熟。我特別感謝和我們一起在愛裡學習和練習的另一半，因爲他們的「願意」，才完整了我們。

祝福每一位看這本書的讀者，你們將會和我們一樣，在現在和未來，體驗著幸福、感受著快樂。

〈自序〉

成就一片愛的森林、蓄滿一座愛的水庫

愛情裡有人濃烈，有人清淡。濃烈的人愛起來，驚天動地濃情蜜意；清淡的人愛起來，穩定如流水，不細細品嘗會以爲沒有愛在那裡。濃烈的人，給愛給得慷慨澎湃，收愛收得感動莫名、笑聲淚水不停；清淡的人，給愛給得安靜，收愛也淡定無聲。清淡的人遇到清淡的人，有時候會覺得人生有些無趣；濃烈的人愛上濃烈的人，一開始會覺得是天上掉下大大的禮物，時間久了出現摩擦、強力的碰撞時，常以決裂收場。因此，大部分的時候，伴侶常常是濃烈的人和清淡的人遇在一起。我自己偏濃烈，我們家夫人①偏清淡。

濃烈的人，一開始會愛上清淡的人的穩定不慌張，像是自己的狂亂似乎有了港灣；有了家有了孩子後，濃烈的人會發現：孩子生病時，自己會出現強烈的擔心與慌張，家這艘船，在風雨飄搖之際，清淡伴侶穩定而理性的樣子，是穩穩的心錨。清淡的人呢？清淡的人偷偷地想，有味道濃厚又精采的伴侶在身旁，生命說不定會有意思一點，然後，眞的享受濃烈過活的伴侶爲自己的生命激發添加著獨特風味。

只是，濃烈的人，給愛給得很大很強很熱，清淡的人常常不管如何回應，看起來都微不足道。於是，濃烈的人很失望，清淡的人很挫折。於是清淡的人，埋怨濃烈的人說：「我實在不知道，你怎麼那麼不理性？你怎麼這麼容易被情緒淹沒？」而濃烈的人，痛罵清淡的人說：「我都已經做這麼多了，你爲什麼都沒有感覺？你爲什麼那麼沒反應？你爲什麼不能多感受一點我感受到的？」這樣的目光，就好像你買了一台馬力強大的休旅車，旅行時可以把一大家子都裝進去，連大大小小的棉被枕頭都放得下，那你卻專心的去嫌這台休旅車耗油，唉攸威呀！這樣眞的是可惜了！

說不定，我們可以離開那個原本固定的視線，然後練習感覺到自己，同時也看見伴侶。然後深吸一口氣，說：「我很濃烈，你眞清淡。」或「我偏清淡，你眞的很濃烈。」

有了這樣的看見，似乎還不夠。因爲關係那麼近，碰撞爭吵依然會發生，於是，我們要在關係裡**繼續想辦法**。我們家兩個女兒，從小只要吵架，我都會過去，說：「不舒服了**ㄏㄡ**！來，來想辦法。」我很少說誰對誰錯，我鼓勵她們兩個努力想辦法。有一回開車載孩子去旅行時，我問女兒說：「妳們知不知道把拔最喜歡妳們怎樣？」兩個女兒七嘴八舌的回答說：「把拔喜歡我們親把拔、愛把拔！把拔最喜歡我們會想辦法！」哈哈，我聽了好開心，兩個小妞妞眞的有收到這個好東西呢！

這本書，就說著「怎麼在情愛關係裡，想辦法？」。

想辦法，更懂自己，所以可以說清楚自己。

想辦法，長出給愛的水庫，越來越有充沛不枯竭的愛可以給。

如果說，我的第一本書《做自己，還是做罐頭？》，是爲了讓青春得以不慌亂；那麼，這第二本書《讓愛成爲一種能力》，是期盼讓愛的小船得以不輕易沉沒，甚至有機會在親近關係②裡遨遊豐富的春夏秋冬。

愛，對我來說，不只是遇見那個迷人的人的浪漫剎那，更是一份願意加上能給愛的能力，才有機會成就充滿生機的情愛森林。這本書裡的故事，有些是根據眞實的生命經歷改編的，有些是一字不漏地把當時的話語節錄下來。每個故事裡的眞實人物，都欣然同意我把這些好東西放進書裡與讀者們分享。有些故事發生在高中國中輔導老師的研習會場，有些故事是在心理治療的工作坊裡，我做現場示範時的錄音逐字稿。眞心感謝一起經歷美好故事的朋友們，這麼大方分享這些若不寫下來就可惜了的珍貴故事。

第一本書發行之後，廣大讀者的喜愛與傳遞的力道，讓我震撼於寫書可以產生的漣漪效應。因爲這樣，我一口氣與出版社說好接下來要完成的兩本書，包括這本書，還有接下來的解夢書。於是，在沒有出門帶諮商訓練工作坊的日子，我總是坐在春水堂綠綠樹蔭下的十六號位置，用最精華的早晨時光寫作。期盼著，因爲用心的書寫，讓成長沒有那麼難；讓愛，可以更流動；讓故事，一天一天更有機會活出屬於自己的味道。

①在書裡，我常稱呼自己的太太為「夫人」。記得剛結婚時，有一回我們去大雪山賞鳥，遇見在林務局工作的苗栗老鄉，比我年長二十歲的老鄉看著我身旁的女子，用很好聽的客家話說：「夫人好有氣質喔！」可能是因為那一句客家口音太好聽，可能是我想用不一樣的方式來看待伴侶關係，從那時候開始我就決定，用夫人來稱呼自己的太太。

②這本書裡，大部分的書寫，我都選擇使用親近關係，而少用大家通用的親密關係。原因主要是，我覺得「親密」是老天爺眷顧的禮物，不是強求可以得來的。而「親近」是有機會像栽種樹林或果園花園一般，因為長期的辛勤耕種，在合適的季節播種、澆水、看顧，而有了後來的豐收。

C O N T E N T S

C O N T E N T S

C O N T E N T S

C O N T E N T S

C O N T E N T S

C O N T E N T S

C O N T E N T S

1 他，是我要的人嗎？

——盆栽與大樹

年輕的孩子經常問我：

「哈克，怎麼樣才能知道他就是我要的伴侶啊？」

「我們剛認識時很甜蜜，爲什麼一段時間後就開始不舒服、不快樂了呢？」

「每隔一段時間就要換一個女朋友，好累喔！故事都要重說一遍……」

是啊！年輕的歲月，眞的是會這樣不斷地問、不斷地試，接著失望、分手，然後又動心、期待。於是，**一次一次地經歷了自己真正的情愛經驗之後，慢慢有了懂自己的可能**。

有次我帶領一場高中高職老師的生涯研習，休息時，一位年輕的輔導老師朝我直直走來，眼睛發亮、氣勢萬千地問我：「哈克，你不是說要把我的故事寫進書裡嗎？」

第一個剎那，我心裡想的是：「你是誰？我認識你嗎？」電光石火地晃神之後，第二個跳出來的念頭是：「小玲！八年前我寫博士論文時，訪談的故事『小盆栽與大樹』的主角小玲！是長大以後的小玲耶！唉攸威呀！」

無視於我的震撼，女老師繼續追問：「哈克，你八年前寫來徵求我同意讓訪談內容出書的email，現在都還存在我的電腦裡，你什麼時候要出書啊？」當時正處在第一本書《做自己，還是做罐頭？》最後校稿階段的我，趕緊拿起手邊列印出來的稿子，翻到帶著走的小花園那一段，說：「這裡，這裡，你看！雖然短短的，可是有喔。而且，第二本書，我要好好的寫你那精采的盆栽與大樹喔！」

小玲老師聽了微微笑，微笑的心似乎說著：「哇！等好久了，眞的要看見我的故事被寫出來了。」生命有時候很奇妙，辛苦的年輕歲月，如果被好好的說，好好的記錄下來，好好的懂，好好的傳遞，辛苦就不只是辛苦了。

兩個人需求的拉扯

時間倒轉八年，那時小玲還是個青澀的大學女生。她發現自己在關係裡頭總是順著男友、找不到原來的自己，覺得好痛苦；而且因爲男友突然提出分手，小玲一時之間不知如何是好，於是到學生輔導中心找諮商師談。小玲在關係裡的困境，是許多年輕生命會遇到的**兩個人需求的拉扯**。就像是第一次晤談時，小玲描述那平凡又眞實的兩難場景：「我常常會去看他練球，有一次我有事要先走，當我跟他說時，他的臉色馬上整個沉下來……然後我就沒講話，留了下來。」

情愛關係一過了浪漫親密期，排山倒海而來的挑戰之一，就是束縛與牽絆。因爲身體靠近了，心裡親近了，於是歸屬感有了，也眞的有機會被關愛、被疼惜了。同時，當關愛、歸屬、疼惜都發生的時候，愛的氛圍裡，有個幾乎一定會發生的副作用——就是感到束縛——原本大大的自由，瞬間也變得小小的。

第二次晤談，小玲跟諮商師說，男友提出分手後還來找過她。小玲還說道，之前即使她與女性朋友喝下午茶，男友也會生氣，這讓小玲在關係中感到束縛。這時諮商師與小玲之間有一段精采的對話：

諮商師：「如果可以用一個東西來代表的話，你覺得那個男生是什麼？」

小玲：「我直覺他是一個小盆栽，陰暗角落的小盆栽。」

諮商師：「他以前就是這個樣子嗎？或者他曾經是別的東西？」

小玲：**「一開始認識他的時候，我覺得他是一棵大樹；沒想到愈來愈認識他之**

後，發現他是一個小盆栽，而且是被籬笆圍住的小盆栽……需要我的照顧。後來，發現我比較喜歡大樹，不想要小盆栽，但又發覺自己走不了，被綁住了……每次一想到大樹跟小盆栽，我其實知道：『嗯，我還是想要大樹。』」

這個盆栽與大樹的隱喻，實在是太精采了！

浪漫期的美好，讓眼光有了失真的美好投射，於是滿心歡喜覺得自己遇見了一棵大樹。浪漫期一過，強烈地想獨占伴侶的需求悄悄攻佔了年輕的心，於是在迷霧之後，需要細心被照料、澆水的小盆栽清晰地在眼前出現。只要曾經年輕的人，回想一下當年的自己，誰不是需要被細心呵護的小盆栽呢！這真的是再真實不過的樣子了！

我想要一棵可以依靠的大樹

諮商晤談的中期，小玲決定寫封信來告訴男友自己的期待，但不知道該怎麼寫，諮商師建議小玲把「盆栽與大樹」的故事寫下來，以表達自己的感覺。小玲鼓起勇氣寫下了這封信給男友：

說個故事，你覺得自己像什麼呢？

一個女孩看到一棵大樹，一棵有動物和人群圍繞的大樹。站在樹下，女孩覺得很快樂、很幸福，可以和朋友在樹蔭下聊天。女孩想成爲大樹的園丁，照顧他、陪著他，而她成功了，她成爲大樹的園丁。

她看到在大樹開朗、溫柔的背後，其實是一株躲在陰暗角落、被竹籬笆圍著的小盆栽。小盆栽向女孩渴求著水和陽光，一個只能給它、只屬於它的水和陽光。小盆栽將女孩綁在身邊，不准女孩離開，不讓女孩到別的地方去。

一開始，女孩能理解大樹轉變成小盆栽的原因，也理解盆栽多麼需要她；漸漸地女孩不能去拜訪別棵樹了，女孩想要離開；但是，看到需要陽光和水的盆栽，卻又好心疼、好捨不得。她多麼希望盆栽可以長大，可以去掉周圍的籬笆，變成一棵讓女孩可以依靠的大樹；大樹下有花園，可以讓別人進來喝喝茶、聊聊天，讓女孩可以放心做自己，甚至拜訪別人家的花園，她是多麼希望！

小玲描述著自己寫信的心路歷程：「我將盆栽跟大樹的故事寫給他，那時我跟諮商師說，他會不會看不懂啊？諮商師說沒關係，試試看。我寫給他之後，沒想到他看得懂，而且他也寫了另外一個故事給我。他問我有沒有想過，大樹也是從小盆栽開始的；小盆栽也很努力想要掙脫盆栽的局限，只是掙扎的時候需要力量與勇氣；他相信自己會變成一棵大樹，只是不知道何時能達成。」

收到男友這樣活生生又直接的回應，小玲的反應是：「好神奇喔！他竟然看得懂！我沒想過大樹也是從小盆栽長大變成的。但我想若要等他長大，似乎需要很長的時間。」

照顧別人的同時，也不忘顧及自己的心

諮商晤談接近尾聲時，回顧兩個月來的諮商過程。諮商師問小玲：「這段時間裡，你自己有沒有什麼變化？」

小玲：「我自己有一個花園，裡面種了五顏六色的花。因爲只顧著去照顧盆栽，就把自己的花園荒廢掉了。」

諮商師：「你在這裡被綁住了，如果再談一次戀愛，你的花園怎麼辦？」

小玲：「我要讓我的花園是可以移動、可以帶著走的。」

最後一次晤談臨別前，貼心又有創意的諮商師畫了一幅「有輪子的小花園」的畫，送給小玲。小玲描述著對自己的理解：「我的花園是可以帶著走的，當我要去

照顧別人時，我可以順便照顧自己的花園，而不是跑去照顧別人，然後自己的花園就不理了。」

當小玲有了自己的花園之後，要去照顧別人時，也會想到照顧自己。以前跟男朋友在一起會以盆栽爲主，**現在不管跟誰，自己都有個花園要照顧。**

小玲這樣描述自己的變化：「當我做了一些自己喜歡做的事，或者是讓自己覺得比較獨立的事，就會放一顆種子到花園。比如昨天我打球時腳受傷了，我室友說，要去看醫生喔，要不要我陪你去？我說不用不用，我可以自己去，於是去看了醫生之後，覺得做了一件讓自己感到更能獨立的事了，就轉過頭去往花園裡丟種子。」

諮商結案後的第三天，小玲去看男友打球，因爲其他女生都要走了，小玲也直接跟男友說：「我要先走了，你自己小心。」在那個當下，小玲決定試著照顧自己的心，照顧自己的小花園。

盆栽與大樹這兩個隱喻的產生，是出路得以顯現很關鍵的地方。小玲形容兩個隱喻在心裡的樣子：「就是看得很清楚，一棵大樹在很光亮的草地，然而盆栽就在牆角那小小的角落裡。就像照片，喀嚓！然後就留在心裡面，也留在腦海裡面……不可思議的是，我好像從未這樣做過，因爲從盆栽與大樹的故事當中，我看到了男友在我面前的樣子，我覺得自己因而可以用另外一種方式去解讀對人的感覺。那個盆栽與大樹的畫面一直留在我腦海裡，當我接近某個朋友的時候，我就會想：『他是一棵大樹，還是盆栽？』如果他是大樹，我就很高興；如果他是盆栽的話，我就……哦，他是盆栽！然後就咕咕咕走掉……會想這種人還是少碰爲妙。」

♡ ♡ ♡

八年之後，重新書寫這篇故事，心裡還是浮現許多的喜歡與觸動。看男友打球，中途有事要先走，卻因爲男友不高興，只好嘟著嘴留下來。這是多麼眞實又委屈的青春畫面啊！話說回來，好不容易打了一場好球，但是女朋友卻因爲要跟朋友去喝下午茶所以錯過了。那又是多麼不爽且難以表達的失望啊！

情愛關係經營的關鍵，不在「揮一揮衣袖離去」或者「委屈自己留下來」的選擇，而是有機會在一次一次的嘗試裡、在自己眞實的經歷裡，找到什麼是自己眞的重視的、珍惜的，以及享受的。十幾年的諮商實戰經驗裡，我有個很有意思的發現：

如果你是盆栽，你眞的會常常遇見一個又一個形狀不同、樹種不同的盆栽；

如果你是大樹，你眞的有機會遇見森林裡的參天古木；
如果你是斑馬，羚羊與長頸鹿都有機會圍繞在你身旁；
如果你是獅子或老虎，小兔子、小狐狸都會驚慌失措地紛紛走避；
如果你是春天溫柔的雨，說不定，眞的有一天會遇見秋天美麗的風。

2 耍賴，是關係裡的一種測試

——小花豹找小花貓的故事

談戀愛，有個關卡挺難通過，就是當測試念頭到來的時候。這時候，其中一方，或者兩方一起發動，會不由自主地出現耍賴、容易發火的莫名行爲，會不知不覺地出現那些表面看起來不怎麼合理，卻又精準地射中伴侶死穴的小火箭。

耍賴，其實是親近關係裡的必然。有意思的是，耍賴其實不是無理取鬧；耍賴，常常只是一份測試——想確定這個人是不是眞的會愛那個不可愛的我！所以啊，好玩的是，戀愛中的人常常因伴侶的耍賴而疲於奔命，像是「我不管，你每天都要榨柳丁汁給我喝！」只要是住在台灣的人都知道，每年大約在十一月到三月之間，柳丁汁好喝。所以，這裡出現的每天，很明顯的，是耍賴、測試。所以啊，重點似乎不只是回應伴侶耍賴的「主題」，而是可以更直接去回應耍賴的這個「情緒」。

我自己，有迎戰耍賴的豐富實戰經驗。來說說二十九歲那一年，剛開始和我們家夫人交往，夫人那時候才二十出頭呢！那時候我們分隔兩地，主要靠電話連繫，有一天，不知道爲什麼起了爭執，在一連串不高興的說話與好一段無聲的冷戰之後，電話這頭的我深吸一口氣，決定這次要來先照顧耍賴著的伴侶。

那段年輕的歲月，戀愛中的我們，各有一個屬於自己的隱喻主角，我是一隻白色與咖啡色相間的小花豹，她是一隻熱愛自由不喜歡被拘束的小花貓。那天深吸一口氣之後，我在電話裡，說了這個長長的隱喻故事，來照顧並不清楚自己可能正在測試伴侶的小花貓：

「來，來說一個小花豹找小花貓的故事給你聽。這一天，大大的森林裡，小花豹突然找不到小花貓……小花貓去哪裡了？怎麼突然不見了呢？小花豹心裡很著急，在森林裡跑來跑去，到處找小花貓。

小花豹想到了森林裡最大的那棵樹，最高的地方有一個樹幹分枝，那是小花貓心情不好時，會去吹吹風的地方。對呀！小花豹趕緊跑到大樹下，把頭抬得高高地拚命往上看，高高大大的樹，只有風吹過樹梢的聲音，沒有小花貓的身影……

小花豹認眞地想了又想，ㄟ，對了，小花貓很喜歡和小花豹一起去懸崖邊看夕陽，會不會在那裡啊？小花豹趕緊拔起腿，跑過深綠色的湖，繼續跑繼續跑，跑過整個大草原，跑呀跑跑呀跑，喘著氣終於快跑到了，隔著一段距離，就忍不住大聲喊：『小花貓，小花貓，你在這裡嗎？』

小花豹喘著氣，終於跑到了看夕陽的地方，唉！空空蕩蕩的……一點影子都沒有，小花貓到底去哪裡了啦？！

小花豹慢慢地走回森林裡，坐在大大的石頭上。這個大石頭，是小花貓和小花豹最喜歡一起曬太陽的石頭了。小花豹嘆了一口氣，自言自語地說：『小花貓呀小花貓，你在哪裡啊？』」

這時電話的那頭，傳來小小但清晰的聲音說：「在這裡啦！」

哎呀！那眞是全世界最好聽的聲音了！

「是喔？原來小花貓在這裡喔！眞是太好了！好棒喔！找到你了。小花豹低著頭，看著終於找到的小花貓，用牙齒輕柔地咬住小花貓脖子上軟軟的地方，輕輕一甩，把小花貓甩到小花豹背上，開心地邁開腳步，小跑步地走向大草原。這一天的風，特別柔；這一天的草地，特別綠；這一天的湖，特別安靜。小花貓坐在小花豹背上，輕鬆地吹著風，似乎也微微笑了起來……」

成為能給愛的人

故事說完之後的三年，我們結婚了。說眞的，結婚前一起回想這一段時，我們眞的都忘了當年到底是爭執些什麼了。基本上，伴侶爭執的主題，其實都小小的，小到只要隔一段時間之後，就不太容易記得。**真正爭的，常常不是事情，而是想要被愛多一點**。我們都忘了當年在爭什麼，卻都清清楚楚地記得那個小花豹找小花貓的故事，讓我們度過了當年似乎無解又沒完沒了的爭吵與冷戰。

我們想被照顧的，常常眞的是情緒——**很想很想確定會有一個人，即使我們無理取鬧，他都會把我擁入懷裡，完整地疼愛**。要不然，找朋友就好了啊，幹嘛找伴侶？於是，當我們進入到認眞的情愛關係時，這一份不一定意識到的期許，有可能化身成看似無理的要賴來測試眼前的這個人，會不會這樣好好地愛我。

既然有人要測試，我們就來想辦法過關。怎麼過關？首先，得離開要賴到底合不合理的思維。愛的世界，包括情愛關係與經營一個家，本來就不是一個只講對錯的地方。測試來時，如果有機會跳開「合不合理」的思考線路，走到另一條大馬路上跟自己說：「眼前這個無理取鬧的傢伙，看起來在耍賴喔！會耍賴，表示他真的看重這份關係呢！好，既然看重，我就來看看，可以怎麼更完整地給出愛。」這樣跟自己說完後，做一個大大的深呼吸，你會發現，成爲一個能夠給愛的伴侶，沒有想像中那麼難，**真的可以**發生在自己身上。

所以呀，假設你有一個正在耍賴的女朋友，或有一個定期會耍賴生悶氣的男朋友，或者春夏秋冬每回到了換季就會鬧彆扭的伴侶，要不要試試看，把這個「小花豹找小花貓的故事」唸給身旁這個正難受著又期待被解救的人聽？

你也可以稍微改編一下裡面的主角，爲你和你的伴侶量身訂做兩個故事的主角，像是「荒野一匹狼尋找小兔子的故事」「大黑熊找大山貓的故事」「小狐狸找貓頭鷹的故事」。如果有機會眞的開口，說一個或唸一個故事給身旁的人聽，那很可能是新幸福的開端，眞心地祝福你。

3 談戀愛，不就是要認真嗎？

阿昇，是我網球場上的忘年之交，比我小將近十歲的阿昇球技跟我不相上下，所以我們兩個特別喜歡一起打球。轉眼間，我們一起打球的年資已經十年了。阿昇在球場上揮汗奔跑時，是個狂野的小子，打完球在一旁喝水打屁聊天，是個反應快又有趣的大男生。

十年來，我們除了打球，阿昇也習慣每隔一段時間跟我報告他的戀愛大事記。這個身體、心智都長得好好的大男生，吸引女生沒問題，經營關係卻有困難。他不管跟誰談戀愛，下場都是卡得很難受、困得死死的。不知道爲什麼，阿昇跟每個女朋友的交往都大約持續兩年，兩年到了，就會發生一次不可收拾的爭吵，然後……

有一回，依稀記得是三年多前，一個微涼的秋天週末傍晚，揮汗奔跑打了三盤網球之後，其他球友陸陸續續走了，只剩下我和阿昇兩個人，四隻腳伸得直直的，背靠著還有點夕陽餘溫的網球場邊邊的鐵絲網，我們有一搭沒一搭地聊著天，突然，阿昇嘆了一口很長的氣「唉」……

我好奇地問：「怎麼了？又分手了喔？」

阿昇說：「哎呦，每次都這樣……我明明對她很好，她要我星期一到星期五不要打球多陪她，我就很聽話說好。她要我先陪她讀研究所再去當兵，我也乖乖的先讀研究所，我明明就這麼認真對她，這麼認真努力付出……平常吵架，也都是我讓她，可是讓久了，就會有這麼一次忍不住大爆發了啦！」

情感豐富的人，情緒波動也大

唉！這個小子，這麼多年來，這樣的劇情已經上演好幾回了。幾年來，身經百戰的我已經教了他好多情緒管理的絕招了，包括：

（一）脾氣上來的時候，數顏色加數數字。例如：「1，我看到咖啡色的門；2，我看到綠色的植物；3，我看到紅色的衣服……

（二）火氣下不去的時候，原地做扶地挺身一百下。阿昇眞的氣起來時，會很習慣性的拿自己的拳頭打牆壁，把那個搥牆壁的力氣拿來做扶地挺身可以暫時把力氣消耗掉。去年，阿昇這小子還眞的因爲一時火氣下不去，而在新光三越少女服飾區現場演出伏地挺身一百下。

（三）忍不住要大罵或打人的時候，原地彈跳兩百下。這個是我的私房大絕招，我們打網球之前，除了拉筋之外，都需要先原地彈跳一兩百下，讓大腿小腿的肌肉準備好激烈的球賽。這個球場上的熱身活動，在情緒即將爆發之前拿來用，正好可以抒解飽滿的怒氣。

阿昇說，這次吵架發生在女朋友租的套房裡，電光石火之際，還來不及做伏地挺身，也來不及原地彈跳兩百下，自己的拳頭就已經自動化的打向牆壁！好死不死，那個牆壁不是實心的，是隔間牆……年輕氣盛的阿昇，做了一件哈克想做也無法達成的事：一拳打穿了隔間牆。

唉攸威呀，那一定好痛！

唉攸威呀，這下子鐵定又要分手了。

我懂，因爲爭吵時一口氣下不來，只能用自己的拳頭猛捶牆壁來表達無法言說的難受，也想用年輕的力量，撐住快要崩潰的自己，是忍住不打她，無法用力打自己，所以才捶牆壁的啊……我看著阿昇，心疼地說：「唉攸！眞的是又痛又脆弱喔！一拳下去，關係就碎了……」

阿昇是個情感豐富的大男生，因爲情感豐富，所以情緒波動也大；情緒波動大，又不知如何承接，就氾濫了。於是，洪水越過土堤，一夕之間淹沒了經年累月辛苦耕耘出來的情感莊園，一大片其實即將收成的作物，一夜之間全沒了。

我想認眞經營感情有錯嗎？

在這個微涼的秋天傍晚，我彎起兩條原本伸直的腿，輕輕地捶一捶因爲快速奔跑而有點痠疼的大腿，一邊喝著運動水壺裡的水，一邊說：「阿昇！我剛剛想到可能適合你的一帖解藥，想聽嗎？」

阿昇瞬間坐直身子，說：「幹！當然要！」

我慢慢地說：「阿昇，你有沒有發現，你經營愛情關係時，很聽話、很認眞、很努力；可是一點都不有趣、不好玩？」

阿昇歪著頭想了想，說：「好像是喔！」

我接著說：「你打完球跟大家聊天時，笑話故事一堆，超有趣的。但我注意到，你只要帶正妹來球場，就會變一個樣：很體貼、很乖巧、很不好笑。」

阿昇反駁我：**「不是說談戀愛就要認真嗎**？我又不想玩弄感情，我想認眞的經營愛情關係，這樣有錯嗎？」

「呵呵，是沒有錯，只是太可惜。只有認眞、聽話，愛情關係就像一間四面都是白色牆壁的屋子，太單調太無趣了。」

阿昇插嘴說：「對啦！那天我大爆發，原本要用你教我的數顏色方法，可是女朋友的房間都是白色的牆壁，幹，都沒得數！」阿昇說到這裡，自己都忍不住笑了出來。

「哈哈哈，這個好笑，算你衰，沒有遇到七彩霓虹燈的牆壁。阿昇，你看喔！你跟我講話，就可以這樣很好笑。這樣幽默風趣的好特質、好能力，不用在親密關係裡，眞的、眞的、眞的太可惜了！」

那個秋天的傍晚，大大的網球場裡，安靜的只有樹葉掉落的無聲畫面，加上阿昇年輕的嘆氣聲。靜默了將近一分鐘之後，阿昇開口：「好，我來試試看。很難呢，我不習慣把幽默趣味放在親密關係裡……」

聊著聊著，月亮都出來了。我們背起了裝網球拍的球袋，我帶著男人的力量，拍拍這個年輕的肩膀——先輕輕拍兩下，鼓勵他，再大力拍兩下，深深祝福他。

有些年輕的心，謹記了家族長輩的諄諄教誨：在愛情關係裡一定要認眞，少吵架，多配合對方。因爲謹記在心，所以卡死了。幾年來，不只一個年輕的孩子跟我說過這樣的話：「不知道爲什麼，越是重要的關係，越不敢輕鬆，怕犯錯，怕哪裡做不好就不被喜歡了。久了，原本能玩耍的好東西越憋越緊，到後來就都出不來了！」

這些孩子，似乎沒有機會看見，其實玩弄感情，跟在感情世界裡輕鬆、有趣、幽默、風趣，是不一樣的。我們可以認眞地愛著對方，同時又有趣好玩、愛說笑。認眞聽話願意回應對方的需求，像是電鍋裡熱騰騰的白飯，讓人有飽足感；說笑話好玩有趣，像是餐後的冰淇淋甜點，是會讓人有幸福感的。兩個，都很重要呢！於是，我們可以擁有一個看待情愛的新角度，用數學式子來表示，就會是：

好玩≠玩弄，好玩≠不認真。

於是，愛情可以好玩，同時可以不玩弄。

從三年多前那個秋天傍晚的長嘆之後，我和阿昇，又一起打球無數次。剛過的這個耶誕節，我邀請阿昇和他交往了三年的女友一起來家裡作客。我在廚房料理紅酒煨牛腩，一邊用眼角瞄著阿昇在餐桌上，輕鬆地說著他們一起去法國旅行的趣事，夫人和阿昇的女友，聽著聽著不時爆出笑聲來，那個畫面，眞是太好看了！

生活裡，幽默趣味可以常常在

生活裡面、關係裡頭，幽默的使用常常被我們給低估了。開個小玩笑，其實可以讓很多卡住的心情轉個小彎，陰霾的烏雲，常常因爲笑一下轉個彎，就會有光線透進來。我也常常提醒自己，不是每一件事情都需要百分之百認眞，有些事情讓它好玩就好了。

在我自己家裡，當趣味來臨的時候，我總是展開雙臂歡迎。有一天和夫人坐在客廳的沙發上，眼前剛好放了女兒的玩具，有一組玩具，是訓練孩子手腦協調的穿線遊戲，裡頭有穿洞的粗毛線，還有好幾張厚紙板，厚紙板上頭有可以穿線連成圖案的小洞。夫人突然開口說：

「這些玩具的名字都好A喔！」

「蛤？什麼意思？」

「你看，這個穿洞遊戲的盒子上印的名字是『洞洞IN and OUT』，還有另外那盒，叫做『幫小護士穿衣服』，都好情色喔！」

哈哈哈！沙發上另一頭的我，已經笑到都快岔氣了！

幽默趣味，甚至還可以用在吵架不舒服的時候呢！我們家夫人有個習慣性的關注重心，她會很自然地把家人女兒放前面，而老公，被習慣性的放後頭。用隱喻來說，就像一個火車，前面幾個車廂是大女兒、小女兒，偶而想到才會把老公當臨時加掛的車廂。我被忽略久了，自然會不舒服，所以，有一天我就有感而發地說：「是怎樣！我把你當空姐，你把我當空氣！」後面再補一句更狠的：「老婆，有時候，我覺得你只是一個漂亮的人在家裡走來走去而已。」

沒有預期到我會這麼表達情緒的夫人，噗哧笑了出來，對我說：「你眞的很愛我喔，連生氣不舒服都還可以說我漂亮。」好玩的是，從那次之後，我只要對著夫人說：「空姐好！」「嗨，漂亮的人！」，夫人就會噗哧笑出來，加速忙完身邊的事，來到我身旁，凝視一下我這個被她自動化忽略的老公。

幽默，帶來好玩與趣味；能夠展開雙臂迎接它，關係裡的辛苦，就再也不單調了！

4 原來爭吵可以不一樣

——我們重來一次，好嗎？

身邊有些朋友，生涯發展不差，吃飯聊天出遊的朋友也挺多，看起來條件好好的；可是一碰到親密關係，就像是按到死穴一樣，卡得死死的。剛遇到喜歡的人，可以甜滋滋到不行，可是一過了甜蜜賞味期，吵架來時無法承受，就只能落荒而逃。

其實，只要是認真、期待有未來的親近關係，常常就無可避免吵架的發生，因為吵架生氣難受的背後，是期望落空所帶來的失落，而希望有未來，當然就會有期望。當彼此重視的、需求的不同的時候，因為距離近，就容易大力地撞到彼此。伴侶關係裡，生氣的後頭，往往還有一句說不出口的話：「其實，我只是對關係還抱著希望，還期待著有一天我的需求有機會被滿足到。」於是吵起來的時候，每個人都試圖大聲地說出自己的需要，而急著說需求，碰撞往往越大，於是無法承受的心，就滿出來了。那，可以怎麼辦？

「重來一次，好嗎？」說不定是一帖可以解開這個親近困境的秘方。先來看看下頭這個眞實的故事：

那陣子，因爲黃阿赧小妹妹剛上幼稚園，於是那一段送她進到教室的路途特別崎嶇難行。崎嶇的路途裡，最困難的是讓她走進二樓幼幼班的教室門口。這個難忘的門口鏡頭裡，上演了一回又一回的大哭、死命抓著爸爸媽媽的衣服、進到裡面又衝出來撲到爸媽身上……我和夫人陪著這個孩子，扎扎實實地掙扎了兩個禮拜。

好幾回晚上睡前，黃阿赧和媽媽「睡前說說話」的時間裡，媽媽問女兒你今天什麼時候有快樂？黃阿赧都會說：「去幼幼班有快樂，幼幼班吃土司有快樂……」這個孩子，其實是捨不得離開她喜歡的我們，去她其實也喜歡的幼幼班。

於是，那個早晨，我騎著摩托車帶黃阿赧出門，走過固定的造訪地點，先是看一群腰肢纖細的媽媽們跳Nobody舞，黃阿赧會跟著跳一首，再和我一起去郵局寄包裹，郵局的阿姨會開心地給黃阿赧一個金幣巧克力，接下來經過長頸鹿美語，黃阿赧會跑下車去看看牆上一隻又一隻大大小小的長頸鹿。一路上，只要是黃阿赧微笑、開心的時候，我都會小小聲同時很有力量、像催眠暗示般地說：「今天啊，黃阿赧會自己走進去幼幼班……今天早上，黃阿赧會好棒……」

然後，幼稚園到了，最難的時刻來了！我停下摩托車，抱著黃阿赧走上二樓，原本一路上開開心心的黃阿赧，這時候開始跟過去幾天一樣，在爸爸懷裡用脆弱哀求的聲音哭著說：「把拔，我不要去幼幼班……」於是我一如往常，坐在幼幼班門口旁的小凳子，懷裡抱著大哭停不下來的小妹妹。我心疼著，也懊惱著，明明就已經做了那麼多準備，下了那麼多催眠暗示，注入了那麼多好能量，怎麼還是這樣呢？

黃阿赧小妹妹哭了一陣子，突然指著幼幼班門口相反方向的走道，小小聲地說：「去那裡！」

我有點迷惑，好奇地問：「你要把拔抱你走一走，然後再進去，是嗎？」

小妹妹搖頭。

我帶著迷惑同時也願意了解孩子的心，站起來，抱著小妹妹往走道走去，到了走道盡頭，小妹妹指著二樓往一樓的樓梯說：「下去……上來……走……」這下子我眞的迷惘了，同時一把火差點上來，心裡的OS是：「爲什麼要把拔抱你走下去，然後再走上來？難道你不知道把拔打球剛受傷的腳踝抱你下樓梯會痛嗎？」

深呼吸，讓火流過去……十幾年的心理治療實務經驗，讓我清楚知道，這時候發火，只會搞得更慘，小妹妹會哭得更大聲。所以，我深呼吸，在吐氣的時候跟自己說：「讓火流過去。」

深呼吸之後的我，抱著全身貼著把拔的小妹妹，眼睛看著兩段往下的樓梯，讓自己用心體會，試圖再聽見一次小妹妹的話，然後心裡想著「下去……上來……走……」，剛開始學著用語言來表達的小妹妹，想表達什麼呢？

在樓梯口，安靜了關鍵的三十秒之後，我忽然聽懂了。

我看著黃阿舨小妹妹說：「你要把拔抱你走樓梯下去，然後走樓梯上來，像是重來一次一樣。然後，你就可以自己走進去，是嗎？」

黃阿舨小妹妹小小聲，但是聲音很肯定地說：「是！」

這個孩子，這麼小，就知道可以重來一次！我抱著小妹妹走下樓梯，忐忑但期待地重來一次，慢慢走上樓梯，然後一步一步走近幼幼班的門口，幫小小的腳脱下鞋子，然後，小妹妹一小步一小步的，自己走了進去。

我含著淚水下樓，對老天爺充滿感恩；對這個孩子，充滿驕傲。人生，有許多時刻，不能重來。人生，有許多時候，眞的可以重來一次。不知道黃阿舨小妹妹是怎麼學會的，不想讓自己停在哭泣的挫折經驗裡，而是這麼有智慧地請把拔抱她下樓，然後上樓，爲自己創造一個美好、勇敢的經驗，用自己的速度，走進去。

如果可以讓你感覺到愛，我願意

重來一次，所以故事不用停在切斷的那一刻；重來一次，所以故事可以有一點點愛的流動。感謝老天爺，讓黃阿赧小妹妹，在三歲的時候，就學會了把拔馬麻三十幾歲才開始學習的功課。

這個孩子，怎麼三歲就學會了這個親近關係的秘方呢？我猜，是她從小看把拔馬麻吵架的經驗裡學來的。因爲我和夫人在眞實的爭吵互動裡，不知道練習過多少次的「重來一次」。

依稀記得，剛結婚時，我常常爲了很小的事情不高興。像是我工作很累回家時，夫人沒有到門口迎接我。夫人可能正在忙，可能正在網路上跟高中同學聊天……可能是忘了，這個敏感的老公，有一個很核心的需求，叫做「回家時，有溫暖的眼睛迎接我」。於是，被寫好的固定吵架戲碼ABC是這樣的：

A：我工作很累回家，很想被溫暖的眼神迎接。

B：夫人沒有用眼睛迎接我，一進門的我，有很深的失望與失落。

C：失落之後我開始生氣，但夫人覺得她已經用其它的東西迎接我了，爲什麼一定要用眼睛迎接我？於是我更生氣，接下來夫人開始自動化地切斷感覺。然後非常害怕被切斷連結的我，情緒爆發不可收拾。

這個戲碼，不知演了多少次。直到一天，很有智慧又很願意的夫人說：「那我們重來一次，好嗎？」

於是，那天我先深呼吸，甘願地開門出去。重新開門進來，看見夫人眞心地用眼睛迎接這個很機車又很眞實的先生，然後，我們兩人，都淺淺的笑了。這時我在心裡說：「眞是不好意思，謝謝你這麼願意。」夫人也在心裡說：「這就是你啊。如果這可以讓你感覺到愛，我願意。」

重來一次，不只是彌補，更是願意的勇氣

重來一次，不只是彌補。

重來一次，不只是試圖補起剛剛因爲衝突而產生的一個洞；重來一次，說的是在關係裡更關鍵、更有力量的元素，叫做「願意的勇氣」。當衝突的一方鼓起勇氣願意誠心邀請對方：「我們重來一次，好嗎？」這樣的鼓起勇氣，是我們願意一起重來一次，願意一起再試試，看看有沒有機會更好好地愛對方。

說出「重來一次，好嗎？」的那個人，要有很大的勇氣與願意。

聽到這個邀請，深呼吸說「好」的那個人，也要有很大的勇氣與願意。

主動邀請「重來一次」的那個人，不是認輸，因爲關係不看輸贏；主動邀請重來一次的那個人，因爲很可能遭白眼，很可能被不理不睬，所以，能說出口，裡頭一定也有很多繼續愛對方的意願。這份意願，裡頭有一份珍貴的力量：想好好地愛對方，不忍心對方一直待在痛苦的世界裡。

願意回答說「好」的那個人，也不是認輸，因爲關係不看輸贏；願意回答好的那個人，心裡需要升起一股支撐自己的力量，因爲一旦說「好」，就不能再無止境地沉浸在「你犯了錯，我有權力一直生氣」的情境裡了。

有意思的是，簡單的一句邀請「重來一次，好嗎？」與簡單地回答「好」，就有機會讓藏在彼此心底的力量，從底層一階一階地走上來、啵啵啵湧出來、登登登亮起來！這樣的重來一次，像是兩個人各出一份力，搭起一座屬於我們的木橋，讓彼此的愛，仍有接觸、交會的可能。

話說回來，有些朋友讀到這章時，心裡可能會浮現這樣的聲音：「哈克竟然要夫人用溫暖的眼神迎接他，這個需求實在很機車。哪有人可以天天都這樣迎接人的啊？」

哎呀！

的確，這個核心需求，這樣聽起來實在不太合理。

換個方位來說，我們來看看另一邊，我家夫人也有一個挺沒有商量餘地的核心需求，就是「吵架的時候，不可以大聲說話」。爭吵時，如果我說話因爲激動而變大聲，夫人常常會完全關掉連結，不說話、不回應，用冷漠來懲罰因爲大聲而犯了重罪的先生。

唉攸威呀！這個核心需求，聽起來有比較合理嗎？

爭吵的時候，正常人都會很想大聲說出自己的需要，有時候還會用吼的。需要用吼的，是因爲心理距離在那一瞬間實在是太遠了，就像是對著遠遠對面山頭的那個人說話似的，所以才會拚命地大聲說話。我心裡的O.S.是：「要我吵架的時候不大聲說話，不就等於叫我吃飯不用開口一樣嗎？」說眞的，爭吵的時候，還需要輕聲細語地溝通，對我來說難度實在是太高了啦！

其實啊，人在親密關係裡的核心需求，常常都不太合理。所以，說不定關鍵不在於合理與否，關鍵在於：我是不是很愛這個人。因爲很愛很愛對方，即使這個核心需求不怎麼合情合理，我也願意，卯起來，想辦法滿足他。

讀懂關係裡看似不合理需求背後的真相

再換個方位看一下，當我們只聽見伴侶需求的表面描述時，很容易乍聽之下覺得挺不合理。但是，如果我們試圖讀懂**表面描述裡頭的那顆心**，我們常常就會自然地深呼吸，心裡出現這樣的聲音說：「是喔！原來是想要這個喔！」

來拆解一下，上頭那兩個表面上看起來都挺不合理的核心需求。

爭吵時，我一旦大聲起來，夫人的反應常常是生氣與切斷，然後說：「你爲什麼要這麼大聲！」我回想一下夫人說這句「你爲什麼要這麼大聲」時的語氣，其實不太像是指責，比較像是懇求。懇求什麼呢？懇求一份從小就渴望的溫柔對待。想起當初追求夫人時，我不就是因爲有好多好多的溫柔，才會在眾多追求者中脫穎而出嗎？這個溫柔，不只是對親近關係的一份小小期待，而是很核心的一份渴望。這份像是懇求的渴望，說的是：「可不可以、會不會有一個人，即使在吵架的時候，都可以溫柔地對待我？」

所以啊，多年之後，我才終於讀懂了。在夫人的心裡頭，有一個專屬於她的數學式子：

吵架時不大聲=可不可以，有一個人真的能溫柔對待我。

一旦讀懂了這個專屬的獨特數學式子，下回吵架的時候，我就有機會，不像年輕時那麼火爆地回應：「哪有人吵架輕聲細語的?!叫人家吵架不大聲，根本就是害死人的規則！」而是決定先停下來，深呼吸，然後在心裡頭跟自己說：吵架時不大聲，是夫人渴望的溫柔對待，來想想辦法，可以怎麼樣在生氣的時候，仍然存有一絲絲的溫柔。好險，我有學過並存。所以，我可以邀請自己的內在，一部分透過生氣表達我的需求落空的失望；一部分依然擁有我本來就有的溫柔。於是，吵架時的斷裂與距離，不至於撕裂我們好不容易才建立起來的連結。

有些時候，因爲太生氣了，一口氣下不來，說不出任何溫柔的話語來，我就會運用一篇〈吵架的藝術〉文章裡建議的方法：先去倒一杯溫熱的開水，端給夫人喝，至少表達一份誠意；或者，狀況再好一點點，就去拿梳子，幫夫人輕輕地梳梳頭。幫伴侶梳頭，是一件很好很好的事情，梳頭是手要很溫柔的動作，因爲生氣而被推遠了的溫柔，常常藉由手自然梳著頭的動作，就這樣直接被呼喚出來了。

讓美好的身體行動，走在卡死的心之前，常常是出乎意料的一帖解藥。爲什麼很生氣的時候，還要幫她梳頭？因爲夠看重一份關係，所以這次，我幫你梳梳頭降降火，下次有機會你幫我放熱水泡泡澡、消消氣。

對了，不能只有了解夫人讀懂她。我的那個表面上看起來很機車的核心需求，也值得被好好拆解一下。

到底是怎麼一回事，怎麼會有人這麼重視：回家開門的那個瞬間，有人迎接？身爲一個心理治療師，我出門去工作，常常是賣力又專注地做一場場的現場治療示範，陪伴一顆顆一串串的眼淚回到心裡的家，那是會心力交瘁的工作啊！於是，工作結束，搭高鐵回家……就像是戰士出門征戰，拖著身上沉重、磨損的盔甲歸鄉，帥氣卻又疲憊地下馬……

怎麼想，也要有人來歡迎一下吧！

寫到這裡，自己都覺得好笑起來了。好笑的同時，也沒有忘記繼續懂自己的心。是啊，是想被歡迎，是在努力撐起一片天之後，在奮力照顧一顆顆受傷的心之後，期待著被溫柔地接住啊！表面上是想被歡迎，心裡頭說的是：「可不可以，在我開門的瞬間，就不需要再撐了！可不可以完整的被溫柔所迎接、承接，而能夠鬆下來了！」表面上要的是歡迎，骨子裡是需要被支持、被接住。

有二十幾年吵架經驗的我，多年之後，直到書寫這篇文章的當下，我才終於讀懂了自己，我也有一個專屬於我的數學式子：

回家時被迎接＝可不可以因為被溫柔的迎接、接住了，所以不用再撐著了。

怎麼那麼像？**兩個看起來很不合理的關係需求，讀到後頭，都是一份問著「可不可以」的懇求**。原來，爭吵的時候，我們真的很脆弱、很畏寒、很慌亂不知所措，所以極度地想要尋得一個溫柔的港灣、一處安全溫暖的爐火，讓自己的心可以休息、可以放心。於是，我們終於懂了，很機車很機車的核心需求的後頭，有一份渴求，有一份懇求，有一份從很早很早以前就有的期盼。

親愛的朋友，是否有什麼讓你想練習、練習「重來一次」？如果你身邊有一個人，讓你很想練習重來一次，而且你會真心努力想讀懂他（她）在關係裡的核心需求，那麼，你很有可能是動了真感情喔！

5 關係的滿足，來自於讓情有交會

從小，就知道有個詞叫做「錢買不到的東西」。這個詞像個匾額一樣高高掛著，是屬於別人的概念。這個概念大腦知道是重要的，但不眞的住在我的心裡。

直到幾年前，接到爸爸心肌梗塞狀況危急通知的那個中午，開車趕回大甲的路上，我跟夫人說：「如果爸爸度過這次難關，我一定要常常帶女兒回大甲，讓爸爸媽媽有機會多享受跟孫女相處的時光……」老天保佑，爸爸很驚險地度過第一個難關，我也眞的開始常常帶女兒回大甲，因爲生命教會了我「與爸爸的相處時光，是錢買不到的！」於是，這原本高高掛在牆上，像匾額上頭的字句，在這一刻鑽進我的心裡了。

有一陣子我很愛看《商業周刊》，這雜誌常常訪問很厲害很精采很棒的成功人士，有一天我突然發現：幾乎每個被訪談的成功男人，被專訪時都有這麼一段話語：「……最遺憾的事情，就是錯過了孩子的成長。常常回到家孩子都睡了，轉眼孩子長大了，想彌補，好像就補不起來了。」看了一個兩個三個四個五個……怎麼成功的男人，都注定擁有這種遺憾。

而我，隨著歲月的增長，有些時候也被身邊的人歸類爲成功人士。於是，我心裡想著，怎麼樣可以讓自己不要有一天被《商周》訪問時也說：「雖然我……可是我很遺憾我錯過了……」

因爲累積的專業經驗，以及同行的不嫌棄，這幾年我擔任全國性生涯研習與諮商師訓練工作坊講師的機會逐漸增加。在名望與金錢的世界裡，實在是很容易迷失的，有了一些錢，就會想要賺更多的錢，繼續更多更多……有時候會停不下來。停不下來，很容易就會有《商周》裡的那種遺憾與生命的嘆氣產生。因此，我深呼吸，讓一直往前滾的身子停了下來，問了一個跟錢、名望、地位追求很不一樣的問題，我問自己：「喜悅滿足，從哪裡來？」

生活裡，我的滿足從一些小地方來，像是到車站接從台北娘家回到台中的夫人和女兒，黃阿赧和黃毛毛小妹妹遠遠就看見等候在外的我，遠遠地跑過來，一邊跑一邊大叫「八霸（拉長音）！」然後一把抱住我！滿足，也來自凝視我的父母親，凝視那一份只有當他們看著孫女時，才會出現的眼神與嘴角的笑意。二〇一二年的年底，我回顧過去一整年的生活，問自己：「這一年最想記得哪些事？」我在行事曆上，寫下了幾件難忘又想記得的事：

一、我終於人生第一次成功地帶兩個女兒去墾丁玩！

二、四手聯彈治療美感工作坊裡，和錦敦、祺堂一起合作眞過癮！

三、心動台灣120七月正式啓動，一個個好朋友情義相挺一場接一場！

四、……

有意思的是，排名前面很想記得的事情，都是和人的情有了交會的畫面。而要享受這些滿足喜悅，都要先「甘於平凡」。甘於平凡的意思是，先暫時放下本來想要追求的卓越、精采、高人一等。因爲甘於平凡，所以能不被追求卓越所占滿，因爲不強求厲害、精采，所以能安在，能讓心著地，這時候情就有了交會的可能。

看見幸福的新定義

記得女兒黃阿赧兩歲左右的某一天，當時我還在大學教書，學期末了我忙了一整天，終於把學生的學期成績全部交出去了，那是一個因爲太累，累到只能看電視的夜晚。於是，我深呼吸做了一個決定：拿起遙控器，關掉電視。然後，**無所事事但一心一意地**，躺在滾來滾去的女兒身旁。原本女兒自己一個人很單純地滾來滾去突然發現：ㄟ！把拔怎麼也在這裡滾來滾去！很大一隻的把拔，滾到一半停了下來，身體打開成大字形，女兒也停了下來，好奇地爬到我身旁，出乎意料的輕輕、柔柔地親了我的額頭！眞是太驚喜了，唉攸威呀！情，就這樣交會了。我的身體停下來而且打開了，心跟著也打開了，女兒的情就有機會傳給我了。

二十幾歲的時候，追求一種幸福，叫做「完成」或「達到」或「擁有」。總覺得，把一件事情完成了，整個人都輕鬆下來了，這時候享受的時光才會來到。像是考完大考、交完期末大報告、終於搞定了碩士論文、像是終於追到夢寐以求的那個女孩了……好像完完全全沒有壓力的時候，完全stress-free的情況，才能接近幸福。

三十五歲以後，才開始發現，人生似乎沒有「完成」的時候，似乎總有些什麼正在發生。幾年前有一次接到黃阿姨的電話，說歐叔叔要到高鐵台中站爲經緯書局剪綵。「黃阿姨」和「歐叔叔」是跟著夫人叫的。這對夫妻是從小看著夫人長大的長輩。歐叔叔是我敬重的長輩，也是我和夫人婚禮的證婚人。幾年前，歐叔叔從台北市副市長的位置退下來，後來，一直想爲台灣做事的歐叔叔，不顧許多人的反對，決定到當時爭議性十足的高鐵擔任執行長（後來成了高鐵董事長），於是，原本悠閒輕鬆到有時間練書法的他，又開始忙碌緊湊的生活。

那天，我和夫人開心赴約。我們不是去剪綵，我們是去和剪綵的歐叔叔與黃阿姨，兩位疼我們的長輩，一起吃個飯。到了高鐵台中站，在剪綵與鎂光燈閃耀之後，我們一起坐在溫馨的小餐廳裡，因爲餐廳生意很好，找不到大桌子，所以黃阿姨、孫女們跟夫人坐，我和歐叔叔坐兩人的小位置，聊著高鐵的發展與近況。其間歐叔叔還接了一通電話，平常操外省口音的歐叔叔，用流利的閩南語說著電話，掛了電話以後，歐叔叔跟我說：「晚上要趕回台北，朋友孩子的喜宴，要證婚。」

吃到一半的時候，歐叔叔的小孫女跑到他身邊，歐叔叔伸出大手把孫女摟在懷裡，問：「要不要吃爺爺的牛肉？」小孫女張開嘴，開心地吃著歐叔叔用小湯匙舀的牛肉。我看著可愛的小孫女，問她說「妳喜歡爺爺喔？」，小孫女笑笑害羞的沒說話，嘴裡繼續嚼著牛肉，歐叔叔開心地說：「我每天早上送孫女去保母家，傍晚去接孫女回家。」吃完餐，歐叔叔還點了冰淇淋，像個小孩一樣享受地吃著。

吃完飯後，出現了一個我會用紀錄片鏡頭拍攝，然後用慢動作來放映的畫面：歐叔叔兩手各牽著一個小孫女走出餐廳，輕鬆漫步在人來人往的高鐵站裡。

這個畫面，我很有感覺。一個這麼有理想抱負的台灣菁英，每天要處理這麼多繁雜的事情，看他滿足地牽著兩個孫女的手，我覺得：他活得好幸福！這個幸福，不是因爲沒有壓力，不是因爲輕鬆舒服，不是因爲什麼都有了、都完成了。這個幸福，正是：有挑戰，有壓力，有事情要處理；同時，有親情，有朋友，然後，能停留在凡人的世界裡，和情交會。在那一天的這個鏡頭下，我看見了幸福的新定義。

於是，當我有壓力的時候，當我有責任的時候，當我有任務或挑戰的時候，我開始會提醒自己：在這個有壓力、挑戰的當下，我仍然可以有與情交會的時刻，而不是一直等著無憂無慮的時刻來臨。

打從二十五歲剛開始學心理諮商，讀到卡爾．羅吉斯（Carl Rogers）時，就一直很喜歡「encounter」這個字。這個字的意思是：人與人的相遇與交會。當我們彼此遇見了，兩個人的心都打開了，情就自然流動了。

怎麼打開心？

我的作法聽起來簡單到有點白痴的感覺，但我真的是這樣做的：先深吸一口氣，然後跟自己說：「來，來打開心。」

於是，憂傷，有了藍色的深潭相伴；

於是，孤單，有了稻穗般的大地當背景；

於是，快樂，有了寬寬廣廣的天空可以飛舞。

「來，來打開心。」這是一份決定，這是一種願意，這是和情的交會很簡單又珍貴的開端。有了交會，會增加擁有滿足的可能，一旦有了滿足，對伴侶、對孩子，都會生出更多給愛、收愛的可能。

6 愛，是彼此凝視才有的

有一部淡雅又香味醇厚的日本電影，片名叫做《幸福的麵包》。電影描述著位於北海道洞爺湖畔的一家叫做瑪尼的民宿，民宿裡有好喝咖啡、現烤的香噴噴麵包。女主角小的時候，很愛一本《月亮與瑪尼》繪本。電影一開場，女主角這樣獨白：「我的初戀對象是瑪尼。小學時，家裡附近有間圖書館，我坐在圖書館看著《月亮與瑪尼》，少年瑪尼總是在腳踏車籃子裡載著月亮，從東邊的天空跑到西邊……我好喜歡瑪尼，一直尋找心中的瑪尼，但是漸漸的，不喜歡的事情變得越來越多，孤單的心變得小小的，我在心底告訴自己，世上已經沒有瑪尼了……」

從小學開始的憧憬，騎腳踏車的小男孩瑪尼與月亮的美麗畫面，就這樣活在女主角心裡，她憧憬著世上也有另一個人能與她如此契合，因此一直等待著一雙能完全凝視她的眼睛。然而，等待這個人的出現，何其困難啊！因為等不到，所以她漸漸漸的，沒辦法完全投入去愛一個人。

電影的故事繼續往下走，一個狂風暴雪的冬夜，一位老先生與一位即將走到生命終點的老太太來到瑪尼民宿作客，老先生與老太太被溫暖與真心款待，度過了凜冽的冬夜。在一個冬天陽光剛灑入房子的清晨，老太太手裡拿著這本女主角珍藏的繪本，邊輕輕撫摸著繪本上的月亮，邊說：「有月亮才有瑪尼，有瑪尼才有月亮。」這句話，震撼了一直還在等待眞愛來臨的女主角，是啊，**等待被愛，不如好好給愛**。於是女主角在隔年的春初，在即將溶雪的大地，勇敢的跟那個對自己很好的男主角說：「你要永遠看著我，我也會永遠看著你。」

我發現：**愛，是彼此凝視，才有的**。我凝視你，所以我的愛流過去；你凝視我，所以你的愛流過來；因爲我們彼此凝視，所以繼續有愛。不是找到一個完美的人來要我，所以我幸福；而是我眞的有了給愛的能力，所以可以找一個彼此給愛的對象。

人，如果被另一個人珍惜的凝視，就更有了明亮的理由。因爲有人這樣凝視我們，我們才敢偷偷的相信我們值得被愛。然而，我們常常因爲等待被凝視、被愛，而忘了可以先凝視、先給愛。所以，會不會與其一直一直等待有人完完全全的愛我們；不如我先發動，好好凝視你。

隔著一段距離凝視一個人

台灣的家庭，有一個滿固定的關係橋段，十幾年來，我聽著一個又一個求助諮商輔導的學生、成人，都說著好類似的真實劇情：家裡有一個盡力付出的母親，有一個被控訴感情疏離的父親，母親努力照顧孩子三餐溫飽，拉拔孩子長大，於是，家裡會有一個特別乖的孩子，會坐在客廳或廚房的椅子上，日復一日聽著母親對於父親的生氣、不滿、哀怨……聽著聽著，這個特別乖坐著聽母親說話的孩子，日漸不喜歡自己親愛的父親，距離越來越遠，有一天突然發現，那個小時候會把自己舉高高用鬍渣弄得自己咯咯笑的爸爸，已經離自己千山萬水了。

在晤談室裡，這樣的劇情聽多了，心裡湧出許多感觸，眞是太可惜了吧！這個父親，這個讓母親難受的父親，眞的就任由這些抱怨組成他的模樣嗎？有沒有機會，還原回兒子眼中的爸爸、女兒眼中的爸爸？

於是，常常在聽到這樣故事的晤談結束前，我會認眞地看著眼前困惑著的個案，說：「要不要，這次過年回家時（或清明節回家時），隔著一個距離，凝望你的父親，用你的眼睛，看見他眞正的模樣，或者，看見你已經忘了很久了的他的神情、樣子？」

凝視、凝望，是帶著時間長度的眼睛看著一個人；看見他現在的表情，回想著他以前的樣子，想像著他以後會有的模樣。帶著時間長度的眼睛看一個人，我們就不容易被過去的眼光所困住，因而有機會重新看見並且接近身邊這個人，這個如果不好好凝視，很有可能眞的會日漸疏遠的人。所以，生活裡，我眞的會提醒自己，凝視我的女兒、凝視我的夫人、凝視我的母親、凝視我的父親。

我大甲的老家是透天厝，爸媽都節省慣了，所以屋子裡的光線微暗。有機會回到老家時，我常會隔著一個距離，凝視我的父母親。我的母親很喜歡在客廳沙發旁，和孫女們玩各式各樣從各地蒐集來的童玩，退休前是國小老師的母親，總能不厭其煩的教著孫女怎麼玩童玩、怎麼有耐心的排七巧板、拿著鉛筆細心的示範握筆姿勢、教導即將上小學的黃阿赧……而我的父親，其實比我還懂得凝視！夫人常在我們開車離開老家回台中的路上，跟我說：「爸眞的很喜歡這兩個小女孩，常常充滿興味地看著黃毛毛的表情，一邊看一邊微笑著……」

爲什麼要「隔著一個距離」凝視？因爲，距離太近，我們看不見全景，而且很容易被那些像蜘蛛網一樣糾結的情緒記憶給困住。隔著一個距離凝視，是爲了有機會看見新東西、讀到新訊息、接收到原本因爲情緒記憶而阻隔了的新情意。於是，因爲好好凝視，所以過去的，可以還給過去；所以上一代的恩怨記憶，可以眞的還給上一代。而我們，有機會站在這個時刻裡，眞的看見現在的彼此。因爲眞的看見了，所以有機會暖彼此的心。

照顧之外，還可以輪流寵愛自己和對方

有了兩個女兒以後，有時候，覺得精神、力氣、金錢永遠都不夠，唉……疲倦的時候，老實說，眞的好想好想被寵愛。但是，習慣用語裡，寵愛這兩個字，好像只能用在「爸爸寵愛女兒」「先生寵愛夫人」「媽媽寵愛兒子」、甚至「夫人寵愛貓咪小乖」上頭，那個爲了生計而奔波的爸爸、老公、先生，有機會也輪到「被寵愛」嗎？

一個星期六的中午，我躺在床上，兩個女兒都好不容易睡了，有氣無力的我，不太敢奢望但決定唉唉叫一下：「我好想被寵愛喔！」

夫人很好心地說：「好，我來幫你挖耳朵。」

用細細的耳棒挖耳朵，是我從小的安全心錨。安全心錨，常常是記憶在身體裡的一種無法言說的溫暖按鈕，那個部位只要被好好碰觸了，就會有一種溫暖、安全、舒服、安心的感覺浮現，有時候還會有一種淡淡的幸福感。我的身上有兩個安

全心錨，一個是輕輕地挖耳朵，一個是輕柔地摸摸我短短的頭髮。

夫人一邊溫柔地對我好，還一邊說著很有智慧的話語：「我們都常常在照顧彼此，可是，我們也需要讓寵愛可以輪流。我有時候寵愛你，有時候寵愛黃阿赧，有時候寵愛黃毛毛，有時候我也要休息、寵愛自己。」

是啊！我們常常都花了好多好多的力氣在「照顧」身邊的人。我在外頭打拚，是在經濟上照顧這個家；夫人在家裡打理一切，準備好的食材，磨成泥餵黃毛毛，是照顧這個家；黃阿赧看見把拔好累，會走過來抱抱把拔，輕聲地說「把拔你辛苦了」，是照顧把拔。可是，我們常常都忙著照顧身邊的人，用光了全部的力氣，卻沒有剩下一點點的力氣，拿來好好集中能量地「寵愛」一下對方。

不管是對夫人，還是對女兒，我最拿手的給出寵愛，都是在睡前熄了全家的燈之後，說：「來，我來說個故事給你們聽……」用自己隨手編的小故事，照顧一家人溫暖入睡。這本書附的CD裡，就有我的兩個經典睡前故事，這樣的故事，表面上看起來像是說給孩子聽的，其實，我遇見的大人，不管是男的女的，也都超愛聽！

照顧，讓我們活下去；而寵愛，讓我們沒有忘記，自己是值得被好好愛著的。暖自己的心，是一份給愛的必要能力。而暖另一個人的心、凝視他、寵愛他，是為自己買下定時定額的優質基金。

沒有學會暖自己的心之前，不要進入婚姻。

沒有學會暖別人的心之前，不要說我愛你。

7 願意照顧彼此的需求

——動態平衡句型練習A

人跟人一旦親近了，就有了需求上的拉扯。

先生被工作追著跑，每天都要加班到晚上十一點，晚上回家孩子吵又不能好好睡覺，眞的很懷念單身的日子一個人騎機車去流浪的歲月；另一邊的太太心裡想，平常先生已經都加班不在家裡，好不容易有假日，眞希望老公留下來一起分擔、照顧孩子，也陪我說說話……這些眞實的需求，幾乎沒有百分之百被滿足的機會，於是一次一次的需求落空，怨、氣、不爽就不斷地堆積堆積堆積，然後原本的親近就因爲這樣的堆積而一步步拉遠了，有一天似乎就不認得枕邊的這個人了。

那怎麼辦呢？

我們來看看黃阿赧和黃毛毛兩位小妹妹是怎麼協調彼此需求衝突的。

黃阿赧、黃毛毛，這兩個小傢伙跟一般的小朋友一樣，很會這個吵那個吵，常常有不同的意見。幾乎每天在客廳上演的橋段是兩個小傢伙同時想要同一個玩具，前奏是咿咿啊啊的聲音逐漸升高，通常接下來就是大聲哭鬧大叫「把拔救救我！」ㄟ，這一天，怎麼劇碼不太一樣，吵到一半就安靜了？罕見的安靜劇情把我從寫書的世界裡呼喚了出來，探頭看看到底發生了什麼世界奇觀，怎麼會沒有繼續演吵架哭哭的戲碼呢？黃阿赧一看到把拔探頭，就很有姊姊的架勢說：「我跟毛毛說，這次先讓毛毛，下次換我。」唉攸威呀，這個女兒，這麼小就學會了平衡的好語法耶！

又有一天，我去幼稚園接兩個小可愛回家，回到家以後要搭電梯上樓，我說：「你們兩個先自己搭電梯上去，讓馬麻開心！」喜歡讓馬麻驚喜的毛毛馬上應聲說好，這時候，黃阿赧表達了不同的需求：「可是，我想要把拔一起陪我們搭電梯。」在地下室停車場窄窄的等電梯空間裡，我沒有做決定，看著兩個小傢伙，說：「你們兩個討論看看，把拔等你們。」兩個小傢伙我看你、你看我，用眼神與心靈溝通了好一會兒之後，黃毛毛說話了：「這次先聽姊姊的！一起坐電梯上去。」喔！爲什麼呢？雖然只有三歲，但是很有黑道大哥架勢的黃毛毛毫不遲疑地說：「因爲我怕姊姊會哭哭ㄚ！」哈哈哈，兩個小傢伙，還眞的懂得怎麼擁有關係裡的「動態平衡」耶。

關係裡的動態平衡

什麼是關係裡的「動態平衡」呢？來用下面這個熱騰騰的來信與我的回覆多說一些。小靜是一個年輕的助人工作者，剛上完我帶領的工作坊，寫了這樣的一封信來：

親愛的哈克：

我很被《做自己，還是做罐頭？》這本書打動，也謝謝你幫我簽名時寫下的這段話：可以給，可以收，可以昂首向前。但我必須說，在結婚後我很難做自己。我總是從「做自己」的這個行爲上，看見影響別人的部分。例如：我很難參加週末的工作坊，因爲必須找到人照顧小孩；當老公堅持獨自當背包客做自己的時候，就意謂著我必須留下和小孩一起。在一段關係當中，若身邊的人極度「做自己」，總覺得我很難爭取也做自己！

我有時看見「做自己」的層面很自私，所以不容許自己這麼做，在顧全大局的情況下，就越來越難做自己。關於這個困境，一直很想請教你，現在終於說出來了，眞好！

小靜 敬上

看到如此眞實的掙扎，總令我非常不捨，我認眞回了一封長長的信：

親愛的小靜：

遵循著規則而活，常常是一份願意——讓這個世界不要有太多衝突，是一份在關係裡很珍貴的付出。同時，遵循著規則而活，某些時候，自己眞實的不舒服、委屈難受，也就壓下去了。

這時候和伴侶好好地說，讓彼此在時間上，擁有新的平衡，是很重要的。如果背包容，是先生的熱情；那麼，你的熱情，也需要在另一個時間點上，有一些發生的可能。如果是認眞的情愛關係，這樣的動態平衡挺關鍵。你在這個時候擁有你的熱情，活出你自己；我在那個時候擁有我的渴望，也活出我自己。這麼一來，就有一點點機會，在關係裡，多一些些滿足與幸福。

「動態平衡」說的是：在關係裡，我們常常沒有辦法完全只活出自己，因爲我們需要照顧彼此的需求。於是，夫人照顧先生，先生照顧家裡，姊姊照顧妹妹，妹妹照顧哥哥……因為沒有辦法「完全」做自己，所以我們就來想想辦法，怎麼「有機會」做自己。這個「有機會」，關鍵就在於西方心理學很少講到的「時間向度」。東方的哲學觀裡，時間向度是很重要的生命考量元素，春夏秋冬，各有其合適的時節，人與人的互動，也是如此。如果沒辦法在同一個時間點滿足彼此，就可以想想：「那……誰先誰後？那……我可以來想辦法在什麼時候滿足自己的需求或渴望？」

也就是說，春天的時節，先生背起背包去旅行，於是有機會擁有了夠大的空間思索人生想要活出的樣貌；而太太可不可以在秋天到來的時候，和姊妹淘去哪裡走一走，有一個像樣的睡衣趴踢，或過癮地說一整晚的話！

時間的向度，用在年輕的孩子想要做自己的掙扎裡，也很有意思。星期一到星期五，乖乖聽媽媽的話、爸爸的期許；星期六和星期日，好好地經營自己想投入的生命熱情。用老天爺給我們的好禮物——時間，來減少一點點衝突，同時，讓自己擁有足夠的資源，等待下一個時機的來到，可以奮力一搏。

希望這樣的回覆，有回答到您一點點的疑問。

哈克　敬上

小靜的回信是這樣的：

親愛的哈克：

看到你回應的文字時，我的眼淚就一直掉、一直掉……我們真的很需要懂，與不斷學習。

小靜 敬上

動態平衡句型A：「這一次……下一次……」

使用時機：他和我要的不一樣的時候！

使用者狀態：對他的愛沒有很充沛時。

建議用量：好用的話，就多用囉！

時間向度一進來，我們就有了選擇的彈性。讓這樣的時間選擇，用句型來表達，就會是「這一次」跟「下一次」產生的動態平衡。以下面的例子來說明：

「親愛的夫人，**這個週末**，我要去澳門帶工作坊，我的父母親大人都很想孫女，你帶黃阿赧、黃毛毛回去給大甲的爸媽開心，好嗎？然後，下個週末，我來放下所有的事情，不寫書也不帶工作坊，開車帶全家去露營（因爲夫人說想去露營說很久了），或是，你有更想要我做的事情？我們來討論看看！」

於是，我的想要孝敬爸媽的需求，有了滿足的可能。而夫人想讓孩子去野外露營的需求，也有了滿足的預定時間落點。這樣的動態平衡，讓伴侶關係，不會卡在「這一次」要聽誰的，要滿足誰的。因為我們是伴侶，而伴侶的意思，就是有接下來的生命一起過的願意，既然接下來的生命想要一起過，那麼，我們就有了上天給我們的禮物，「下一次」。

8 你可以量力滿足他的需求

——動態平衡句型B

一直都很愛聽李宗盛唱歌，依稀記得歌詞裡有這麼一句：「相愛，是容易的；相處，是困難的；戀愛，是容易的；可是等待，是困難的……」是啊，墜入愛河遇見吸引自己的人，似乎發生的頻率不低。同時，一旦有了親近的關係，真的要朝夕相處，衝突與掙扎就緊緊地跟著來了。於是我們開始有了一種情緒，叫做等待，等待對方準時、等待對方溫柔、等待對方溫暖的懷抱、等待對方熱騰騰的晚餐、等待生日那天超出自己預期的驚喜（伴侶期待有驚喜發生，是我最怕的一個期待）……等待伴侶來滿足我們的需求，眞的是又困難又難熬啊！

動態平衡句型B：「如果＿＿＿＿，那就來＿＿＿＿！」

時機：你要的，我現在真的做不來！
使用者狀態：有一些愛可以給，有一點點願意在心裡。
建議用量：一個月一次就好。

除了上一篇文章裡提到的時間向度以外，還有另一種動態平衡的選擇，就是可以用「這件事」或「那件事」的選擇，來滿足伴侶的需求。

比如說，夫人希望我幫忙做家事，可是，我實在很不愛洗碗，也不喜歡擦桌子，怎麼辦？總不能讓夫人每次都需求落空吧！有一次，剛好在帶工作坊時，聽見好幾位媽媽，都提到用「吃剩菜」來表達對家人的愛，讓我理解到把剩菜吃光光，對家庭主婦來說是很重要的事情。我心裡想，那太好了，我既然家事「這件事」做得不多，要不要換個吃剩菜的「那件事」來貢獻。所以，我發明了這個句型：「**如果＿＿＿＿，那就來＿＿＿＿！**」在這個例子裡，發生在我心裡的這句話就是：

「如果沒有力氣幫忙做家事，**那就來**開心地把剩菜吃光光！」

我們家夫人，挺喜歡我這個吃剩菜的變化耶！後來，夫人又給了我更進階的建議。她說：「老公啊，我跟你說，其實你下廚做菜時，把舊菜做新的組合上菜，會比起你做新菜，對我的幫助更大。」喔～是喔。原來是這樣，從那之後，我每回下廚，都先看看冰箱裡還有些什麼，可以拿來創意組合的。這樣回應伴侶的需求與期待，就更美好了，因爲這是爲他 她量身訂做的回應。

「如果＿＿＿＿，那就來＿＿＿＿！」這個句型操作起來其實挺簡單又實用的，來一起看看這個我在關係裡存活下來的好句型的兩個加料版：

「如果沒辦法好好地……（做這件事），**那就來開心地**……（做那件事）！」

「如果眞做不到……（這件事），**那就來用心地**……（做那件事）！」

這個句型的重點是：**「這件事」和「那件事」，都是伴侶希望我們做的**。差別在於：「這件事」我做起來太吃力，而「那件事」讓我有機會更順暢地給出愛。

所以啊，我不愛洗碗，但是我能夠迅速確實地倒垃圾；我有能力上的限制，加上我眞的有近視眼，流理台很難在我手裡變成亮晶晶，但是我很會照顧女兒上學前穿衣服、穿襪子；我出門在外露營很不容易睡著，但是我很能夠帶女兒在大草地上奔跑踢球、哈哈笑。這些種種的用「那件事」來取代「這件事」，都讓我們願意付出愛、回應伴侶需求的當下，**有機會選擇沒有那麼困難的選項，因而不困死自己，而更能夠好好地回應與給愛。**

9 讓關係更親近的秘方

——勇敢冒險句型練習

你可以想像自己睡前，問伴侶這個問題嗎？

「今天，你最喜歡什麼時候的我？」

這眞是一個很冒險的句型啊！爲什麼很冒險？因爲這個問句一落，被潑冷水的機率實在太高了。萬一被問的人想了老半天或者根本沒有想，就回答說：「沒有。」那不就洩氣極了嗎？是的，眞的會發生。只是，在關係裡，不要怕挫敗，只怕不繼續成長。這個句型只要努力不懈，就會找到更親近的秘方，我們一起來看看這個句型：

冒險直接問法

我問：「黃阿赧，你今天最喜歡什麼時候的把拔？」
我問：「黃毛毛，你今天最喜歡什麼時候的把拔？」
我問：「夫人，你今天最喜歡什麼時候的老公？」

善意交叉問法（有時候會變成陷害交叉問法）

我問：「黃阿赧，你今天最喜歡什麼時候的馬麻？」
馬麻問：「黃毛毛，你今天最喜歡什麼時候的把拔？」

有一天，睡前我們一家四口人躺在床上，我問三歲半的黃毛毛：「毛毛，你今天最喜歡什麼時候的把拔？」「嗯……我喜歡把拔在我刷牙的時候搞笑亂出聲音，那個時候我咯咯笑有高興！嗯嗯……還有，把拔幫我吹頭髮的時候，輕輕撥我的頭髮，我好喜歡那時候的把拔！」哇，這小子，回答得很精準呢。

我轉身問忙了一天即將進入昏迷狀態的夫人說：「老婆，你今天最喜歡什麼時候的老公？」夫人回說：「嗯，我最喜歡你把洗好的衣服一件一件折好的時候。」

我發現，這個句型引出的答案，幾乎都是在一天當中，我有專心投入對待她們的時候。專心投入對待，意思是，有放下原本正在忙碌的種種，專心地把自己的心思眞的放在眼前的伴侶或孩子身上，因爲有好好地說話、聽見聽懂、快樂玩耍，然後才有機會在睡前，聽見一句或兩句好聽的回答。也就是說，如果一整天都沒有專心投入對待的人，你問了這個問句，結果可能會很一針見血。

帶著一點忐忑，我坐起身來，問六歲的大女兒：「黃阿赧，你今天最喜歡什麼時候的把拔？」「嗯……嗯……嗯……嗯……（有時候會嗯了快一分鐘），想不到ㄟ！」唉攸威呀！想不到ㄟ，這是很常見又眞實的回答。這個句型之所以叫做冒險句型，就是因爲每回問這個問題，都要冒一個險，就是自己有時候眞的沒有創造出什麼眞的讓對方開心喜歡的時刻。換個角度來說，**要膽敢使用這個句型，就要在問之前，真的用心投入那些專注付出的時刻**。早上下午都沒有和孩子玩耍、晚上沒有照顧女兒洗澡吹頭髮、整天都沒有專心聽夫人說話，那……那……那……最好自己知道，睡前不要使用這個在這個情境下會自討沒趣的句型。

同時，換個積極啓動接觸的角度來說，如果養成習慣在睡前使用這個句型，於是白天下午晚上、吃飯洗澡說話，是不是就有機會提醒自己「回到關係」裡，放下那個讓自己低頭滑來滑去的手機與平版電腦，專注用心地擁有一兩個時刻，眞的看見對方，讓眞實又美好的互動，在一天裡有多一次發生的可能。所以，這個句型除了叫做冒險句型，又有另一個更好的名字，叫做勇敢句型。

勇敢冒險句型練習：「今天，你最喜歡什麼時候的我？」

使用時機：睡前。
使用者狀態：有投入關係、付出關愛，同時敢真實面對自己的時候！
建議用量：視體質而定，可以一天用一次，也可以一星期保養一次。

爲了讓付出疼愛陪伴變成一種習慣，這是一個我即使冒險，也要鼓勵大家嘗試看看的句型：「今天，你最喜歡什麼時候的我？」

如果試了以後，經驗眞的很好，然後，萬一萬一，那陣子的狀況眞的很好，愛的能量又超級充沛，還可以更勇敢更冒險一點，深吸一口氣之後問身旁的這個人說：

「最近的**我**，如果**做了什麼**，會讓我們有機會更親近，或是有機會更享受我們的關係？」

可不可以，不要看天長地久；可不可以，不要講永遠；可不可以就看眼前的這一天一天，然後，眞的因爲彼此付出而更親近。

Part II

播下親近的種子，
讓愛成為一種能力

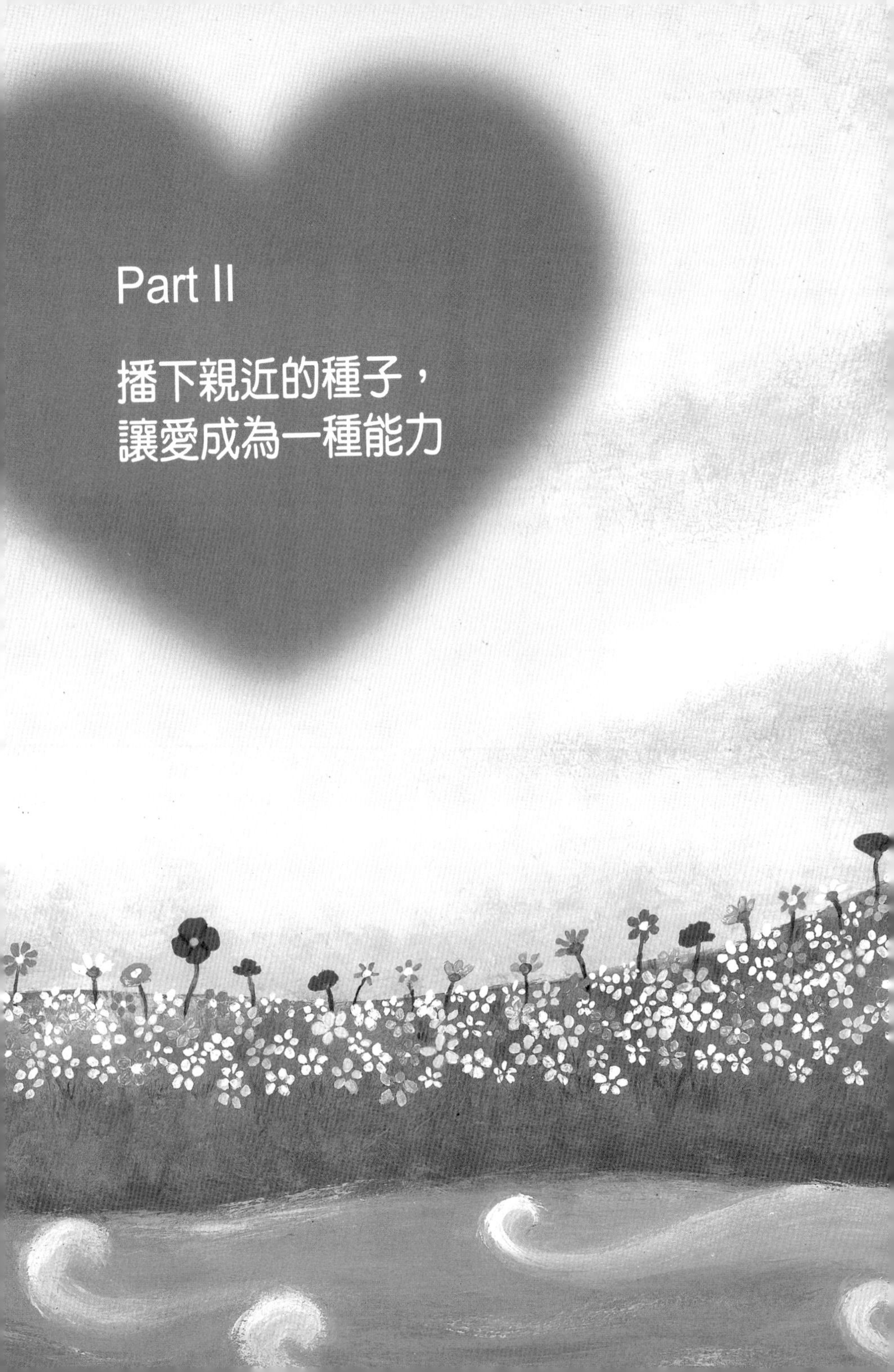

1 表達之前，先懂自己

——小熊拿箱子的故事

年輕人常這樣問我：「我知道懂自己、覺察自己很重要！可是，到底要怎麼樣才能搞懂自己眞正的狀態啊？」問得好！但是說眞的，這不太容易回答呢。我的博士論文裡，有個眞實的故事，很適合回答這個適用於各個年齡的好提問。

小夢是大三的學生，一開始到學輔中心找諮商師晤談生涯的煩惱，後來談話的主題漸漸地轉到情緒與自我照顧。小夢從大二接社團幹部時，明顯地感覺到常常心情不好，到了大三，她以爲換到系學會工作會好一些，卻發現雖然共事的人不同，但困擾自己的情緒仍在，有時候情緒還會大到快承受不了。小夢這麼描述自己：「我算是做事比較追求完美的人，我會把它想得很理想；可是眞的去做或者跟別人一起共事時，我發現根本就不是我所想像的……又不敢當面表達讓對方知道，心裡也很不高興。」諮商師陪伴小夢的過程裡，有一段精采的對話是這樣的：

小夢：「我很困惑自己的情緒波動爲什麼會越來越大，有時候很高興，可是遇見事情沒有辦法解決的時候，心情馬上又變得很不好……」

諮商師：「聽起來在妳心裡，容易因爲事情不如自己的期待，或者有原本沒預想到的困難出現時，就感覺自己被打倒，而且很難過。妳現在可以閉上眼睛看到那個自己，隔著一個距離看著她，妳覺得她看起來像是什麼？可能是動物，也可能是什麼樣的植物……妳會怎麼描述她呢？」

小夢：「好像很挫敗、灰頭土臉的那種小熊吧。」

諮商師：「多大？用手比一下，好嗎？」

小夢：「大概這樣吧（小夢用手比了大概十公分高的小熊模樣）！粉紅色，身上髒髒的，臉上的表情滿難過的，很喪氣的坐在地上。」

身上帶著汙點的小熊喪氣地坐在地上，帶著難過的表情，就像小夢遭遇挫折時的縮影一樣。透過小熊隱喻的表達，小夢有了一個重要的察覺：從過去到現在，原來自己已經是那麼累了，身上有好多傷……怎麼沒有好好照顧自己呢？

這個生動的小熊隱喻，自然地變成小夢生活裡覺察自己的一個角色，諮商師和小夢一起合作，持續地追蹤這個隱喻。有一次，諮商師提到感覺小熊好像很忙很累，小夢回應：「對呀，眞的很累。而且小熊除了很忙之外，手上還拿了類似箱子的東西，一個一個疊起來，疊得很高。因爲她很小，可是她的東西疊得很高，高過她好幾個頭，而她卻搬那麼重的東西一直往前走。假如別人再丟東西給她，就越疊越高，如果她不停下來休息，或是把一些箱子請別人幫忙拿的話，小熊會很辛苦，甚至會跌倒、受傷。」

小熊拿箱子，這個活跳跳的隱喻一出現，讓小夢的自我照顧出現了新的曙光！小夢開始在日常生活裡，自然地在心裡看見小熊的模樣，有時候會看見小熊很忙，拿著一疊高高的箱子，這樣歷歷在目的清晰畫面覺察，讓小夢具體知道「原來已經超過自己可以負荷的**那麼**（強調語氣）多了！」爲了不讓疊得高高的箱子壓垮小熊，小夢因而會想停下來，先稍微休息喘口氣。

和諮商師晤談快結束前的一個週末，小夢心情很不好，心裡突然浮現：「乀！這時我的小熊會講什麼，會想跟我講什麼？」這個跳出來的念頭讓小夢很震驚，自己竟然透過小熊，開始聽見內在的聲音。這段自我對話精采極了：

小夢問自己：「在這個時候，小熊會想跟我講什麼？」

心裡的聲音說：「對呀！我們都已經很累了……」

這樣的自我對話，讓小夢知道內心的自己，想要跟那時候的自己講什麼話，而內心的自己透過小熊跟那時候的自己說：「對呀！我們都已經很累了……」這段關鍵的內在對話，眞是自我照顧的經典作法！

找到自己的隱喻角色，好好表達自己

小夢這個小熊拿箱子的隱喻，是很典型的自我認同隱喻（self-identity metaphor）。本書Part1裡提到小花貓、小花豹、照顧小盆栽的小女孩，也都屬於自我認同隱喻。自我認同隱喻的意思是，透過找到或選擇一個有感覺的隱喻角色，來代表我這個人的核心樣貌。夫人透過小花貓的角色，來說自己熱愛自由不愛被拘束的模樣；我透過小花豹奔跑這個隱喻，來說自己正努力也長大著的力量；小夢透過小熊拿箱子這個隱喻，說著希望可以更體貼、照顧自己情緒的期許。

要引出自我認同的隱喻其實不難，只要在自己活得精采的時候問自己：「這個時刻的我，像什麼？」也在最辛苦、最磨難的時候問自己：「如果用一個隱喻來形容，此時此刻的我，像什麼？可以是動物、植物、大自然現象，或是任何的物品……」多問幾次，就會找到一個重複出現的隱喻角色，可能是一隻草原上的大黑熊、可能是一頂黃色的棒球帽、可能是一顆剛著地的種子、可能是一個編織綿密的竹籃子、可能是細緻刻畫的敦煌壁畫、也可能是一把歷經大小戰役的古劍……重點是，想到這個隱喻時，自己很有很有感覺，那就對了、就是了。

一旦找到自我認同隱喻，接下來就有好多美好行動可以進行了。自我覺察，是最清楚的第一步，簡單問自己：「小花豹現在怎麼樣？」「小花豹好嗎？」「小花豹現在在哪裡？」然後閉上眼睛，看見小花豹的樣子、背景畫面、周遭的聲響，常常就能夠瞬間懂了自己。一旦有機會能透過隱喻來做清晰的覺察之後，就能夠在表達時，有語言文字來形容那樣的自己。更清楚地說，就是可以在合適的場景、時間裡，用精準的隱喻語言，把自己真實的樣子表達給身邊懂得的人聽。

於是啊，以前我們只能模模糊糊地說：「我好累喔！我快要受不了、撐不住了！」，而現在，有機會透過隱喻的表達，讓身旁的人知道，我正扛著多少箱子在身上。因為隱喻有歷歷在目的畫面表達，因而讓身旁的人更能感同身受地接收，那麼撐住的自己，就有機會多了一個懂得你的陪伴。用自我認同隱喻來好好表達自己，是一種態度——願意負責把自己好好說清楚，即使別人不一定接收得到，或者不一定能完整地接收，但是我負責說到了底，我就好好地盡了自己的力了。

是的，好好表達，不一定能被好好接收。
是的，同時，**好好表達，是被好好接收的必要基礎。**

2 關係的頭號殺手

——情緒的瞬間位移

在個別諮商室裡，只要與個案關係建立得夠穩固，陪伴也夠深，總會在個案表層的煩惱與辛苦的背後，開始聽見一種害怕與難受交雜的生命故事。這時個案眼神開始飄向遠方，說起五歲讀幼稚園的時候……說起七歲的那個冬天……說起十二歲國小快畢業的時候……說著某一天，家裡那個原本溫暖的照顧者突然情緒大翻面，像是狂暴的風雨突然砸爛了遮風擋雨的屋頂……

我有好幾回，在做現場治療示範的場景裡，聽著主角說上一刻還很正常的父親，不知爲何卻瞬間變臉，破口大罵，拿起藤條用力猛抽……這不是什麼電影的情節畫面，對有些人來說，這是記憶裡萬般不願想起的難受。因爲風雨突然襲擊而來，小小脆弱的身體與心靈，瞬間因爲極度的驚嚇而冰凍了起來、縮起來、躲起來，不敢放聲哭，甚至不敢知道自己到底有多害怕……

身爲陪伴者的我，總是跟著揪起的心，剎那間心疼就湧上了心頭。

多年之後，我給了這樣突然翻臉、情緒失控的狀態一個名字，叫做「情緒瞬間位移」。我猜，大家都曾經多少目睹過這樣的畫面：在百貨公司、餐廳，聽見照顧孩子的父母，突然之間大罵孩子，甚至凶狠地打孩子，那都是典型的情緒瞬間位移。情緒瞬間位移之前，照顧者常常是先忍住了情緒，爲了想比平常更多一點耐心對待眼前的孩子，所以努力忍住快要爆發的情緒火山，只是內在空間容納不下，於是在下一刻就大爆發了。

瞬間位移，指的就是突然之間從一個端點，移動到另一個端點。情緒瞬間位移，在心理的運作機制裡，是內在被壓抑的部分突然搶著出來說話，因爲突然改變，身邊的人會被驚嚇到，或者引起強度很大的爭吵，因而破壞了親近的關係。通常，一個人在沒有內在空間的時候、特別疲倦或壓力大的時候，容易出現情緒的瞬間位移。

親近的伴侶關係裡，如果前一剎那還是個溫柔體貼的伴侶，下一刻就忽然變成狂暴無法控制的野獸，那麼珍貴的親近就有了變質的危機。關係之所以會變質，其實常常不是我們以爲的愛消失了、不愛對方了，而是當我們面對伴侶無法言說的情緒時，發現自己一次又一次的無計可施之後，因爲找不到給愛的方法，而瀕臨放棄。因此，親近關係的經營裡，學會覺察瞬間位移的自己，進而能有所改變，是擁有愛的能力的關鍵功課。

情緒瞬間位移的第一帖藥：長出「翻譯者」

那是一個原本很舒服的日子，夫人和我決定中午要去一家有賣天使細髮的餐廳。在車上我們挺舒服地聊天說話。快要到的時候，我們出現了一段激烈的對話：開車的夫人說：「幫我看看有沒有停車位！」

我說：「好。」然後我看到距離餐廳一個街口的位置有一個停車位，我很開心的說：「那裡有停車格喔。」。

夫人看來看去，說：「你想停那裡喔？」經過了卻沒有停而繼續開，最後停在沒有停車格的餐廳門口，然後說：「這裡不知道可不可以停喔？」這句話一落，我就辛苦了。我是節省的客家人，停在沒有停車格的餐廳門口，如果被開罰單，我會非常非常不能接受。

不知怎麼的，瞬間我就爆炸了。我生氣地說：「回家了，不吃了。」會生氣，因爲心裡面覺得，你既然問了我，要我幫忙找停車位，我用心地幫忙找了，你又只停你想停的地方……

從溫柔說話聊天的我，突然變成生氣爆炸的我，這眞的是很典型的情緒瞬間位移。我不是故意要這樣突然生氣的，只是忽然就控制不住了。像這樣兩個情緒端點的瞬間位移，常常是內在很沒有控制感的自動化反應。

兩個端點的我，都是我，又稱爲內在的兩個部分（parts）。第一個部分，也就是第一個端點的我，是帶著愛、溫柔體貼的我；第二個部分，也就是第二個端點的我，是需要被完全呵護又很拗的我①。兩個都是我。內在同時有這兩個部分，是正常且自然的；同時，這樣的突然瞬間位移，對伴侶相處來說，是很辛苦的挑戰。

讓身邊的人無所適從的，不是這兩個部分的存在，而是「瞬間」變成另一個部分，是「突然變成那樣」讓身邊的伴侶突然被驚嚇到。會被身邊的人覺得難搞，是那個需要被完全呵護回應的部分，有時那個部分很像一個很拗的小孩，一旦氣起來了，就很難收拾。

怎麼辦呢？

我想到了一個可能的出路：我們的內在，除了這兩個端點部分之外，可以創造一個新的部分，做爲表達兩個端點的橋樑，我將之命名爲：「翻譯者」。

翻譯者的功能，在於幫兩個端點的自己說話，特別是把「容易嚇到別人的那個部分」的心聲，早一點表達出來，才不會因爲塞住了而需要用強烈的情緒噴發出來。也就是說，如果透過練習，讓翻譯者在生氣將要噴發前先出來說話，那麼可能會發生很不一樣的互動囉。以剛剛的例子，我們來倒帶一下，夫人一樣說了那句關鍵觸發句子：「你想停那裡喔……（繼續開車，停在沒有停車格的餐廳門口），這裡不知道可不可以停喔？」如果我可以瞬間覺察到內在突然有劇烈的部分要彈出來，於是，就在那個剎那，我決定深呼吸，然後讓翻譯者幫忙那個很想被呵護又很拗的部分說說話。

翻譯者可以這麼說：「我心裡頭突然有很大的怒氣要衝出來，我猜想，那個部分在說：是的，我很想體貼你、傾聽你、對你好；同時，我也希望我說出來的意見，被你好好聽見，我用心地幫忙找停車位，卻好像沒被你好好聽見，這讓我很挫折，所以怒氣才會那麼大，一直要衝出來……」

當翻譯者有機會好好存在，那麼心裡那個原本沒有機會被聽見的部分，就有機會被說出來。換另一個角度來說，這個需要被好好呵護、被愛的部分，因爲被翻譯者說出來了，因而有機會與那個願意照顧對方又能給愛的自己一起並存。讓翻譯者有機會出來露面幫自己說清楚，也會幫助對方有機會走上這個願意溝通的橋。搭橋，常常要兩個人一起搭，這次我搭一段，下次你搭一段，於是，我們有機會真的在橋斷了之後，還可以一次一次重新搭建新的橋。

我們小時候，都曾有被爸媽的颱風尾掃過的經驗。這樣的經驗，創造了因爲照顧者情緒瞬間位移而突然被冰凍起來的小孩，而這個小孩不知不覺中一直住在我們心裡。長大以後，我們不一定有機會好好照顧這個曾經被遺落的自己（neglected self）。於是，當年紀到了，我們走進了伴侶關係或親子關係裡，真槍實彈的需求差異與爭吵的場景接踵而來，一旦內在空間不夠，不知道爲什麼，我們像是被寫好的程式一般，即使百般不願意，卻也自動化地狂風暴雨般對待身旁的伴侶與孩子。

那怎麼辦？

長出翻譯者，是關鍵的第一步。而之後，累積了更多的能力之後，還可以做一件事，就是「帶被遺落的自己回家」（take home[2]）。如果有機會，讓長大後的自己，把那個縮起來的小時候的自己，擁入懷裡。當那一天到來時，將會是擁有了愛人能力的關鍵時刻。

①很拗的我，之所以會存在，跟期待「無條件的愛」有底層的相關，這部分請參考本書第188頁〈我可以「不需要」無條件的愛〉。

②帶被遺落的自己回家，更多的內容請看這本書的第135頁〈把遺落的自己帶回家〉。

3 忍住原本被寫好的對白

——情緒瞬間位移的第一帖藥

這天傍晚，我們家的黃阿赧小妹妹剛從幼稚園回來，好開心地跟把拔說她學了直排輪！興奮的她急著要在家裡的廚房磁磚地上玩直排輪給我看，她穿著一隻輪鞋，妹妹黃毛毛也模仿姊姊穿上另一隻輪鞋，這一來可是險象環生，兩個重心不穩的小妹妹一隻腳低一隻腳高的在廚房狹窄的空間裡搖晃著，哎呀，重視安全的把拔立刻下達指令，大聲說：「不可以在這裡玩！太危險了。」本來玩得很開心的黃阿赧小妹妹，瞬間被把拔打斷了，三秒鐘之內大哭了起來，變成一個很傷心、生氣的小女孩。

看著哭聲震天的孩子，我的自動化反應呼之欲出，這個自動化反應就是要使用管教者的暴怒來壓制情緒滿溢的孩子，我的腦海裡瞬間出現一連串的壓制威脅語法：「你再哭，以後就都不要玩直排輪了！」「再哭，把拔就要打下去了！」重點是：這兩句威脅語法，都是一旦說出口，就會後悔的。直排輪那麼貴，用錢習慣節省的我，都已經買了，怎麼可能不讓她玩？而打下去，最心疼不捨的就是自己了。可是，這超頑固的兩句威脅語法，是那麼根深蒂固地埋藏在腦海裡，是要一次又一次深呼吸，才能有一點點不一樣……

學了十幾年的心理治療，知道自己一旦讓怒氣失控，孩子會因爲被壓制威脅而聽話，但也就穩穩地埋下日後情緒失控、內在部分瞬間移動的種子了。

於是，我深呼吸，硬生生地吞下剛剛那兩句話，忍住那原本就被寫好的對白，然後努力的吐出不熟練的新台詞說：「把拔說了算，不在這裡玩。」然後，去浴室洗把臉，讓自己瀕臨失控的情緒先降下來一點點。五分鐘之後，我深吸一口氣，走到客廳，跟黃阿赧說：「來，把拔抱抱你。」

黃阿赧在把拔懷裡啜泣著。我溫柔地抱著心愛的女兒輕聲地說：「把拔讓你學直排輪，是要讓你運動，不是要讓你受傷。把拔要負責保護你和妹妹，讓你們平安長大……你很想玩，把拔知道，把拔也知道你很想讓把拔看你玩……把拔小時候有一次想要去參加后里馬場的騎射隊，阿公也是不讓把拔去，阿公說馬後腳會踢到把拔的蛋蛋，那把拔就生不出你們兩個小可愛了。那時候阿公不讓把拔去騎馬，把拔也是跟你一樣又哭哭又生氣！」

神奇的是，黃阿赧好像聽得懂我在說什麼，眼淚慢慢停了下來，然後說：「那下次把拔不在的時候，我們去樓下走廊那裡玩直排輪？」這個孩子，知道把拔特別對可能發生的危險大呼小叫的，所以還特別要挑把拔不在時去玩，眞貼心！我笑笑地回答說：「好啊！把拔在也可以，把拔不在也可以。」

很有意思的是，孩子的傷心和生氣被懂了，所以就不用有「拗」的反應了。

我們成長的過程中，不一定能得到像黃阿赧這種規格的對待。我們經歷的常常是，當需要出現時，不是被承接、被了解，而是被責罵、訓話，甚至鞭打。**因為被強大的威脅情緒給壓住了，我們學會用害怕把自己的嘴巴堵住、手腳綁住，然後變成一個不想聽但只好聽話的孩子。**於是，眞正的聲音被堵住，眞正的需求被忽視，我們的「拗」，開始一次一次長大，然後潛藏在心底深處，未來一旦有機會，那個拗就會想出來大鬧特鬧。

四步驟為自己創造新的反應模式

這一天，我好不容易又進步了一點點，哪裡進步了呢？來。倒帶一下：

A瞬間覺察了自動化出現的威脅壓制語法，先**自己負責地忍住**不說那兩句一出口就會後悔的話。（記得：有能力可以情緒瞬間位移，就有能力練習瞬間覺察！）

B我用了五分鐘的時間離開現場、洗臉、用水沖洗自己的慌亂，讓水的天然分子帶走一部分的負面情緒。自己負責先照顧自己一下，緩和一點點忍不住要噴出的傷人情緒。

C我學過同理心，也願意使用。我先去讀懂，然後說出孩子的失望與傷心，再透過自己的親身經歷，讓黃阿赧知道把拔以前也和她一樣「雖」（閩南語裡運氣很差的意思）。

D因爲重視安全是我的核心價値觀，所以我還是把握機會好好地表達我對安全的高度重視。我清楚地跟女兒說，我要負責安全地養大孩子，我並沒有爲了照顧孩子而失去我自己。**沒有失去我自己，才有機會與眼前的孩子擁有親近的可能。如果我為了照顧孩子，每一次都失去自己，那就很有可能，養大一個會清楚說自己但不尊重別人需求的孩子。**

來更細緻地說說ABCD的實際操作：

A自我負責覺察。其實，覺察並不難，難的是負責覺察到了以後，願意先做一個深呼吸來打斷自動化反應。這個忍住原本已經寫好的劇情對白，這個願意「練習負責深呼吸」，眞的比較需要操練修行。

B中斷一下。散散步、喝口茶、打個球流流汗、去洗澡……強力推薦跟水有關的天然又健康的中斷活動。

C表達對於對方難受的了解。在這裡，重點是**不吝惜帶著愛**來表達了解，而不是在生氣的狀態下碎碎唸。切記：帶著指責情緒的碎碎唸與囉唆，是無效溝通排行榜的第一名與第二名。

D說說我的善意與心意。翻譯者在這裡又一次精采登場，把藏在心裡的善意與愛，平心靜氣地說給對方聽。這時候，兩個人的心意，都有機會被聽見，被好好接收。

小小的解藥，雖解不開關係的深仇大恨；但小小的解藥就像維他命，一天吃一顆，調養身體、調養能量。身心調養好一點之後，就有機會發動那些關係裡不一樣的色彩與味道。

滋養關係小活動

從自動化的位移，到有覺察地握好方向盤

步驟一

找到一個溫暖又知心的朋友，兩個人輪流當主角，說自己一個瞬間位移的經驗、任何自己想改變的人際互動經驗，或是任何想改變的行為序列，陪伴者幫忙主角記錄下原本自動化反應裡的「行為、思考、情緒序列」。

行為、思考、情緒序列，指的是：那個當下，發生了什麼？心裡想著什麼？嘴巴說了什麼？身體感受到什麼？什麼先，什麼後？什麼，導致了什麼？壓下什麼之後，竄起了什麼？不願意面對或覺察什麼之後，反而跑出了什麼？這些細節，是創造新行為序列的重要基礎。

步驟二

兩個人一起動腦筋，想想看，如果要拿回自己的方向盤，要在原本的

行為、思考、情緒序列裡，加上什麼，才會讓關係、讓活著的樣貌，更接近自己想要的方向。這些加上的新東西，常常出現在原本的A行為與B行為中間，或者是B思考與C思考中間。

步驟三

請主角用隱喻來為自己創造的新部分或新角色命名，命出一個有味道的好名字，可以讓這個部分真的活起來！

活動記錄單

原本的自動化行為、思考、情緒序列：

A ______________________

B ______________________

C ______________________

D ______________________

想要創造的新的行為、思考、情緒序列

有很深的內咎與自責。瞬間位移，又發生了。唉……

晚上九點半，在黃阿赧的睡房裡，我問小妹妹：「把拔不喜歡罵你，你覺得把拔下次可以怎麼做？」黃阿赧小妹妹想都沒想就說：「你不喜歡罵人，那就不要罵人呀！」我和夫人聽了都笑了，說得眞精準！這眞的是沒有廢話的眞理。

我繼續問：「那把拔可以怎麼做？」

黃阿赧回答說：「**下次啊，你看我和毛毛在吵啊，就先溫柔地說話，然後一直溫柔。如果我們沒有哭哭了，那就不要生氣；如果我們還是哭哭，那你就可以生氣。**」

我聽了，深呼吸了一口氣，然後帶著理解說：「喔！你的意思是說，把拔看你們在哭哭吵吵，就先溫柔地說：『把拔快要生氣囉，你們要停下來。』是嗎？（黃阿赧：對！）然後等一下你們又哭哭吵吵，爸爸再一次溫柔地說：『把拔快要受不了囉，你們要停下來，不哭哭了。』然後，如果你們沒有哭哭了，把拔就不用生氣了；如果你們不聽話，還是哭哭，那把拔就可以生氣，是嗎？（黃阿赧非常確定地點頭說，對。）」

原來要這樣喔，女兒知道這是與把拔互動最可行的辦法：**先預告**說，我快要生氣囉，你們要停下來，安靜囉。因爲有一次預告，兩次預告，於是，即使後來生氣出現了，孩子不會出現過度驚嚇的受傷經驗，她們會知道，因為我們兩次不聽把拔溫柔地預告，所以把拔生氣了。有預告，就不會因為突然被罵而驚嚇了，真是太有智慧了！

有了預告，就有了降低驚嚇和創傷的可能

這個新的部分（part），我命名為「麥克風」。麥克風是拿來預告用的，拿來廣播告訴大家的，因為有了預告，於是孩子有了準備，斷裂經驗與創傷，就有了降低的可能。因為孩子能夠預測即將發生的風暴，於是得以不那麼害怕而切斷連結，或者埋藏自己。

於是，這一天我認真許了一個願，下一次孩子哭哭吵吵的時候，我要拿出我的麥克風出來預告，說：把拔最近很累，需要休息，需要安靜，你們要停下來了。於是，我的孩子，可以少一些驚嚇，多一些在關係裡的安全感。這裡說到的麥克風與前面提到的翻譯者，當然沒辦法解決所有的關係爭端，同時，知道著麥克風與翻譯者，都是一份美好的心意，說著一份願意，願意更好地對待身邊很愛我們的人。

之所以要許願、要學習為自己創造出翻譯者、麥克風的新角色，是因為：如果

我們常常情緒瞬間位移，身邊我們愛的人，就會被波及、會受傷。受傷一次兩次還好，持續在相處的過程裡受傷，我們愛的人，就會開始考慮，要不要撤離？要不要離開這段關係？是不是要停止繼續愛這個人了？

成長的過程裡，我們幾乎沒有辦法避免受傷。原生家庭裡的照顧者，常因爲壓力大而沒有了內在空間，於是情緒瞬間位移總是一不小心就刺傷了我們；於是我們不知何時偷偷許了一個願，有一天，我要找到一個不會這樣傷我的人，好好愛他，或讓他好好愛我。不巧的是，當有一天你發現，尋尋覓覓找到的那個想託付終身的人，竟然跟自己的爸爸或媽媽一樣會瞬間位移，這個發現的時刻，心裡的失望與痛苦，常常比自己想像的還要多……或者相反，不是找到的伴侶，而是震驚地發現，即使自己不想情緒瞬間位移傷害身邊所愛的人，但是，卻控制不了自己的嘴巴、自己的手腳……

我們的心，有時候像是一片留不住水分與愛的山坡地。開墾「值得被愛的那片山坡地」，是我們自己要負責的。我們可以許下心願，去開墾、去耕種、去把握機會創造愛的新經驗！怎麼學？前面提到的新行爲序列ABCD一步一步學。一次次地深呼吸，覺察自己即將瞬間位移的訊號，然後跟自己說：來，深呼吸，洗把臉，然後邀請翻譯者出來（很像哈利波特召喚白鹿護法一樣）；或者，像黃阿赧提醒我的，用麥克風來預告風雨欲來，然後，把危機創造成一個新的、不一樣的好經驗。

於是，一天一天過去，因爲用心開墾，山坡地說不定開始有了綠意，開始留得住一些水分與愛；然後有一天，我們眞的就變成了一個「懂得給愛，又値得被愛的人」。

♡ ♡ ♡

一年來，不知道發生了多少次類似即將引爆的畫面，而我總是努力記得深呼吸，然後說：「小朋友，把拔今天沒有什麼力氣，你們兩個想辦法安靜下來喔……」或者「把拔快要受不了囉，你們要停下來不哭哭了。」好好地在客廳、廚房、睡房修練。我發現，因爲持續認眞的實際操練著麥克風的預告作法，一年來和女兒的互動裡，我眞的沒有被盛怒情緒給淹沒而瞬間位移了耶！我竟然成了我發明新方法的第一個受益者，眞是太棒了！

5 自我對話的小改變，就有機會讓我們更親近

剛結婚的年輕歲月，有段時間我和夫人有高頻率的爭吵。激烈的爭吵裡，我知道自己有個致命、被按到就會瞬間爆炸的按鈕。這個按鈕是：我沒辦法忍受伴侶對我有一丁點的不滿意，只要感覺到夫人有一點點一絲絲地「嫌我」，我就會一把火直接往上升，然後轟轟轟衝破極限！燎原大火隨即到來。偏偏我又是個敏感到不行的諮商心理師，敏感的心，加上年輕脆弱的自尊，哎呀，眞是要命的組合。

不經意間發現，身邊有不少人也是這樣。然而，「不少人也都這樣」，不代表我就只能繼續這樣難受、卡住。因爲伴侶天天見面，爭吵實在太難受，所以生命中最有力量的資源常會在此集結，尋找突破的可能。有時候，因爲很難受，所以激發

了很底層的力氣，那些原本沒想到的出路，眞的會在這些生命卡住的點上出現。

經常上演的吵架三部曲

每隔幾個月，我和夫人重複上演著類似的三階段爭吵戲碼：

【階段一】能量充沛階段

傍晚時分，我在球場上揮汗打網球很開心，打完球踩著腳踏車往家裡騎，心裡充滿對夫人、對女兒的愛。我在心裡跟自己說，回家要好好對她們好，讓她們開心幸福。

回到家，看見夫人疲憊的表情，三秒鐘之內我熱熱的心就涼了一半。夫人不喜歡傍晚自己一個人照顧女兒，加上累積了一整天照顧家裡的疲倦，所以臉垮下了一大半（當先生的看見這個畫面，心裡其實都會「剉」一下）。神經瞬間繃緊的我，趕緊幫忙洗碗、撿起尿布丟垃圾桶、清貓砂、幫女兒洗澡、撿起地上的玩具……還好因爲打完球能量充沛，所以力氣剛好足夠做這些事。

【階段二】油將耗盡階段

那時，當新手爸媽的我們，吃飯總像是打仗一樣，匆忙吃完晚飯、整理完餐桌，我那珍貴的自然流動但不夠豐沛的愛也用得快要見底了。偏偏，時間到了接近女兒的睡覺時間，女兒開始有些「番（閩南語的拗、不知爲何鬧脾氣的意思）」，讓快累垮的夫人逐步接近爆炸邊緣。接下來，沒好氣的夫人要我去照顧女兒，電力只剩下四分之一格的我，硬把自己拔起來，走到電視前，放巧虎DVD給女兒看。女兒看了一下，就又跑去番她媽媽了！女兒又累又番的時候，基本上是不要爸爸，只要媽媽的。這時當爸爸的常常是即使極盡討好之能事，也沒辦法吸引女兒，再加上我的電力已經趨近於零了，對於女兒跑去找媽媽，當把拔的我有很深的無力感。當挫折感像大海一樣瞬間湧上時，我的身體心理馬上都變身成笨蛋；那個在講台上能量流動的哈克，這時候卻只能兩眼無神地看著白痴巧虎教唱：「十個一元等於十元……」

【階段三】爆炸階段

女兒好不容易睡了，電力變成負五格的夫人來到我的睡房，說：「你剛剛不是說要照顧女兒嗎？你是不是忘記了，怎麼變成自己在看DVD？」

「#%&＊！我是喜歡看十個一元等於十元喔?!」（這是我心裡的第一個聲

音，我沒有說出口，因爲太白痴、太好笑了。）

接下來我的心出現「轟轟轟」的立體聲，敏感的心，加上脆弱的自尊，我瞬間爆炸了！我用不吵醒女兒爲前提的最大的音量說：「ㄟ！我帶著滿滿的愛回來，要好好愛你們，然後做了這麼多，然後你竟然不滿意……」接下來的兩小時，原本其實挺聰明的我，說出來的話，基本上就是上面這句話，改換語詞但不換語氣的重複講二十次。而夫人，一接觸到我的激烈戰火，瞬間就自動化的切斷連結，變成冰冷不接觸不連結的大冰庫。

這樣的三階段固定戲碼，不曉得上演過幾次了。我決定這一回要好好來看看，自己可以如何進步一點點。八點半點燃的戰火，到了十點半，在熟睡了的女兒床邊，我和好不容易化了一點點冰的夫人終於可以說說話了，夫人跟我說，其實當她說：「你剛剛不是說要照顧女兒嗎？你是不是忘記了，怎麼變成自己在看DVD？」這句話時，因爲怕刺傷我，她已經在腦海裡淘汰十幾種說法，用盡所有可能說得委婉了。

看著已經很盡力了的太太，我溫和地說：「不是你的話語不夠委婉，而是『怕**被嫌』是我的死穴。只要你心裡對我有一點點一絲絲的不滿意，我就會像被按到瘋**

狂按鈕一樣，瞬間失控。」我深深地、誠懇地承認自己的缺點跟無能，然後想出一個解套的可能方式：「所以，夫人，可不可以請你下一次，當女兒又讓你很累時，你就大聲說：『老公！救救我！』？因爲當你要我救你時，我就會變成超人瞬間換裝，然後飛出去救你！可是當你嫌我的時候，我會自動變成笨蛋，而且是會亂發脾氣的笨蛋。」

這個建議，聽起來還不錯吧！

可惜，不巧，這樣的路徑剛好也按到夫人的死穴。夫人的死穴是：「需要自由的感覺，不能沒有選擇。」夫人心裡面的O.S.可能是：「爲什麼你說這是你的死穴你不能改，然後就一定要我說救救我？我不要！」夫人覺得沒有選擇的自由，而一定要這樣做的時候，會生氣，心門會鎖緊鎖死，然後，我們就失去了對話的可能。於是，**努力推開的門，又因為門太重而被推回**。然而，時間也晚了，我們兩個距離千萬里遠的夫妻，只能各自痛苦不堪去睡覺了。年紀不小了，還是要睡比較好。

夫人沒有輕易被我的提議說服，這樣的表態在經營親近關係裡，其實是重要的。如果爲了關係和諧而每次都委屈自己來照顧伴侶，久而久之，還是會有恐怖、致災性的山洪爆發。堅持很重要，暫時委屈也很重要；維持和諧很重要，努力說清楚自己爲何做不到也很重要。

回到我自己，痛苦地坐在床頭生悶氣的我，問自己說：「怎麼會這樣？沒有其他的可能性嗎？我眞的那麼脆弱，沒有辦法忍受伴侶對我有一丁點的不滿意嗎？」問歸問，因爲力氣用盡，什麼屁都想不出來……

我不完美，但是我有很多的美好

幾天過去了，我們也沒有討論些什麼，唉！十年下來也吵累了，於是繼續愛孩子，繼續做那些做不完的家事。過了四五天，我去了一趟經絡按摩，按摩完穴道通了，好像一不小心也把死穴弄鬆了！感覺到能量挺流動的，我問著自己（記得要能量流動的時候問自己，千萬不要充滿怨恨、不滿、很想摔東西的時候問自己），在一個人的車裡我這樣問自己：**「下次如果又重演一次這樣的戲碼，我可以加入哪些新的好東西？」**自己一個人開著車，我聽見心裡一個珍貴的答案突然浮了上來：

「下次，感覺到被嫌的時候，**這樣跟自己說：『我不完美，但是我有很多的美好。』**」

聽見這個讓自己深呼吸的答案，我有很深的喜悅，因爲我知道，這個死穴被我自己解開了。當我這樣跟自己說的時候，我就不會把伴侶對我的一丁點不滿意自動地放大放大再放大，然後轟轟轟爆炸。

是的，我不完美，這是事實，即使我真的希望自己很完美；是的，我有很多美好，這些美好，都是我的一部分。我打球開心是美好，我洗碗倒垃圾清貓砂是美好，我跟女兒在床墊上開心跳舞是美好，我帶工作坊深刻又自在動人是美好，我疼愛後輩毫無保留是美好，我有好多好多美好，這些美好都是如假包換的我。

開車回到家，我跟夫人說，下次三階段經典吵架橋段又來的時候，我會自己在階段三失控點火的前一秒鐘，跟自己說：「我不完美，但是我有很多的美好。」

夫人溫柔地看著我說：「這麼好喔，你願意這樣做……」夫人很清楚知道，這個老公只要說他要做什麼，就會做到，這是十年才有的篤定。然後，真的就沒有「轟轟轟！」了嗎？我自己也挺忐忑。會有用嗎？會不會又失敗了呢？

有一天，一模一樣的橋段真的又上演了，驗證的機會來了！一樣的前情提要：我一樣帶著很多愛，做了很多家事，然後累了；一樣的地點：在睡房；然後夫人不經意說了類似的話，像是：「我覺得你下次可以……」

「嘶嘶嘶嘶……」感覺引信已經紅通通地快速接近火藥庫了，閉上眼睛，我深吸一口氣，聽見心裡浮上的聲音：「是的，我不完美，但是我有很多的美好。」

結果，有火氣，可是沒有爆炸耶！我起身，去浴室洗臉降溫一下，三分鐘以後，我走到睡房的門邊，站著（記得喔，要嘗試新行爲，就要改變身體的姿勢與位置，以前每次吵架溝通時，我總是沒力地躺著，所以這次換成站著）。看著眼前這個知道因爲自己說了一句話而將要承受老公兩三小時砲轟、沮喪著的夫人，我開口說：

「你有一個壞習慣。」①

「你的壞習慣是，總可以在我做的很多好事情以外，看見我還可以多做些什麼。這個壞習慣，其實是你很好的能力，你總是能看見事情可以怎樣改進得更好一些，你這個習慣用在編輯文章上，會讓一本書或一本手冊變得很好、很完美（因爲夫人當時正在編訂一本卡片帶領人使用手冊）；但是，用在我身上，我覺得很『雖』。」

倚在門邊，我繼續說：「在我這麼用心付出之後，還跟我說可以怎樣更進步，實在不是一個好習慣。這個能力，眞希望你可以用在別的地方。」

這一天，我們不再像往常一樣，吵到不知如何是好只能難受地去睡覺，引線嘶嘶嘶點燃之後的三十分鐘，我就已經可以溫柔地跟夫人說：「來，來我懷裡。」

常常只是這麼一個小改變，就讓我們又更親近一點點。

被嫌，只是引線，不是炸彈

我不完美，但我有很多的美好。

這麼一句接受自己的話語，眞的就這樣改變了我和夫人的關係。最近這幾年，嘶嘶嘶嘶的引線，依然會瀕臨爆炸邊緣，同時，轟轟轟的大爆炸，眞的就越來越少，越來越有控制感了。有時候，我們求的不是不吵架，而是可以逐漸在親近關係不可避免的吵架裡，擁有越來越多對自己的控制感。

對自己的不滿意，常常是伴侶關係吵架時，被埋在地底下的隱形炸彈。**被伴侶嫌，只是引線，不是炸彈。引線所引爆的，是一直以來無法接受「自己不完美」的那個自己。**於是，被嫌，引爆隱形炸彈，然後因爲不知道怎麼承接這樣有缺陷的自己，只好把砲火轉向眼前這個表面上肇事的人；因爲不知道怎麼承接自己，只好砲轟別人。

砲火轉向，當然不是故意的。因爲不是故意的，知道了，覺察了，就可以用新的自我對話來置換了。原本的自動化迴圈是這樣的：

伴侶嫌我 ↓ 「我已經這麼努力了，你還不滿意。」

←「我這麼努力，都還不能讓伴侶滿意？」

←「我這麼差勁，都做不好！」

↓ 指責對方

置換以後的新脈絡是這樣的：

伴侶嫌我 ↓「我已經這麼努力了，你還不滿意。」

←「我不完美，但我有很多美好。」

←「我眞是一個挺不錯的人，來繼續努力吧！」↓ 好好說話

在關鍵時刻，我們負起責任，深吸一口氣，然後跟自己說那句別人眞的無法爲我們說的自我對話：「是的，我不完美，但我有很多的美好。」於是，無法承接自己的那份情緒，就不會亂彈到伴侶身上，因此，多了一點力氣與空間，好好繼續

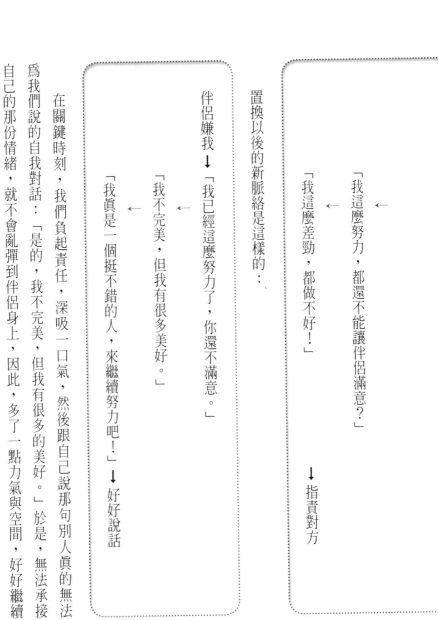

愛。

①「壞習慣」的說法，其實是帶著祝福對夫人行為的命名。當我們說壞習慣，表示這是一種習慣，不是故意要這樣的，只是因為習慣而不知不覺就這樣做了。同時，也隱含著一個可能性，說的是：因為這是習慣，所以是有機會建立新習慣的。

6 生氣了，可不可以仍然記得他的好

那是一個春天的午後，兩個年輕的後輩寫了一封電子郵件給我，信裡是小倆口的一段眞實對話：

「爲什麼你生氣的時候，都忘記我對你的種種美好？」

「我就是很生氣，我氣你做了這件事情，不代表我忘記你過去做的美好。」

「可是，我想發脾氣的時候，都會記得你的美好，所以我就不會生氣了！」

「我知道你對我好，可是我需要完整地生氣，我生氣了，不代表就否定你的美好。」

「好，我知道你需要完整地生氣，可是，我想知道你記得我的美好嗎？」

「是，我記得，**但是**，我現在非常需要好好地生氣。」

這一段爭吵，其實已經超有水準了，充滿了清晰的需求表達。這幾年專心體會並存哲學的我，看到這段對話，一時手癢，回了一封信給這對可愛的小倆口，信裡給了一個新的對話選擇如下：

「為什麼你生氣的時候，**會**忘記我對你的種種美好？」

「我就是很生氣，我氣你做了這件事情，不代表我忘記你之前的美好。」

「可是，我想發脾氣的時候，**真的會**記得你的美好，所以我就不會生氣了！」

「我知道你對我好，可是我需要完整地生氣，我生氣了，不代表就否定你的美好。」

「好，**這個時刻**，我知道你需要完整地生氣，**同時**，我想知道你記得我的美好嗎？」

「是，我記得（伴隨著**真的願意停留在這裡**的深呼吸），**同時**，我現在非常需要好好好地生氣。」

眼尖的朋友們可能已經看出差別了！關鍵的並存連接詞「**同時**」出現了兩次。這裡之所以使用「同時」，而不用「可是」「但是」，是因爲我們習慣的溝通互動裡，會只聽見**可是與但是**後頭所接的內容，而把前面的善意給忽略了。當我們逐漸習慣使用「同時（and）」這樣的語詞，接收訊息的對方，就更有機會同時聽見我們的善意與眞實的需求表達。

另外一個小差別，是「這個時刻」。我偷偷的加了「這個時刻」，說的是：是的，這個時刻我願意承受你的情緒，而當下一個時刻到來的時候，我可以有別的選擇。這個時刻的語法，是一份對於關係衝突的願意承受，同時給了自己下一個時刻的自由度。

我們如果可以在吵架的時候，依然記得對方的那些美好，腦子裡知道，同時心裡也感受著，眼前的這個人——有限制、有美好、有機車、有散漫的時候，也有努力的時刻……那麼，吵架，常常就可以不用那麼毫無轉圜的餘地了。

同時看見對方不同的風貌

在《關係花園》這本書裡，作者有這麼一段經典的文字：

所有感受在每個人心裡都是一幅巨大的風景：這裡有一座代表平靜的涼快山谷，那裡有一個代表絕望的沙漠；這一區象徵坦誠的遼闊平原，再過去是興奮、喜悅的群山，旁邊還有代表冒險的可怕懸崖；這一邊可能下著哀傷的細雨，那一邊是代表欲望的狂野叢林。當你處在內在地形中任何一個區域時，很容易覺得那個區域就是全部，忘記自己只是把當時的特殊感受放到最突出的位置。所有其他感受（風景中的其他區域）仍然存在，只是暫時退到背景，你可以確定自己在其他時候會移到別的區域。牢記這一點，就可以在自己卡在某個感受跳不出來時，想到其他遠景。當你攀爬喜悅的高山時，也請記得沙漠就在不遠處，好在你滑落到沙漠時，不需要覺得絕望。請帶著指南針與遠景與你同行！（引自《關係花園》第八十四頁）

看待自己時，我們可以像上一篇文章裡，這樣接觸著自己：「是的，我有不完美，同時，我有很多的美好。」而當我們因爲眞實的彼此差異而爭吵時，也可以用

《關係花園》裡的名句來提醒著自己：「是的，我看見了哀傷的細雨；是的，我也聽見了欲望的狂野叢林；同時，是的，我感受到了坦誠的遼闊平原；是的，平靜的涼快山谷也眞的好好存在著。」

《關係花園》裡這段經典的話語，也讓我想起我們家兩個很不一樣的女兒，大女兒黃阿赧溫柔體貼，小女兒黃毛毛霸氣直接。有好幾回在家裡客廳，黃阿赧因爲想和妹妹一起玩扮演遊戲但被拒絕，而委屈落淚。在走向客廳介入姊妹的戰場之前，我常常先深吸一口氣，跟自己說：「這個心很軟、容易委屈哭哭停不下來的女孩，跟那個貼心地關燈擺好枕頭好讓把拔休息的女孩，是同一個女孩。」於是，往前走去的我，因爲確認這脆弱的背後，是一份體貼的柔軟，所以就不會那麼急著要馬上教會黃阿赧如何堅定、如何堅強。

黃毛毛有一件事情讓當把拔的我很頭痛，就是每天被規定只能看三十分鐘電視的那段時間，三歲多的黃毛毛看電視很隨性，姿勢百百種，其中一種姿勢是那種接近倒立的樣子，頭臉在地上，雙腳在空中搖晃，眼睛看出去的小蜜蜂美雅，根本就是倒過來的。當把拔時很平凡很平凡的我，因爲要負責擔心女兒的視力，總是會著急地說：「黃毛毛！坐好！不然把拔要關電視了喔！」

問題來了！霸氣十足的黃毛毛，哪裡會輕易屈服在小小的威脅之中。何況，這聰明的小傢伙知道，把拔一旦關掉電視，旁邊的黃阿赧姊姊，會立刻委屈地哇哇叫起來，然後接下來把拔會心疼姊姊，這些沒有明說的家庭動力，讓黃毛毛根本就不怕把拔的小威脅，繼續她的特技姿勢觀看電視。這時候，我就會一把火上來，怎麼辦？**不知道怎麼辦，就先深呼吸……跟自己說**：「這個『不輕易屈服聽話坐正看電視』的黃毛毛，跟那個『很霸氣地說，姊姊，你怕黑喔，要不然，那我陪你去上廁所好了』的黃毛毛，是同一個。」

於是，深吸一口氣，看見對方的全景，因而可以不掉進原本的爭吵迴圈裡。因爲這樣爲自己與關係創造出新的空間，於是，其他的可能性，有機會進來，有機會發生。這樣的並存觀點，說不定會讓我們更自由，因爲我們一旦並存地接進了對方的生氣，也接進了對方的美好，這時我們都站在眞實的土地上，一同爲更好的親近關係而繼續嘗試。

7 把遺落的自己帶回家

——美麗的回家語法練習

這天早晨，一如往常的，催促兩個女兒吃早餐、剝蛋、穿衣服、帶手帕……忙了一陣子之後，兩個小妞妞終於人模人樣的蹲在門口穿鞋子了。平常很愛上學，常常要馬麻晚點去接她的黃阿赧，突然有些反常地開口問我：「把拔，你今天可不可以中午就來幼稚園接我們？」也正彎著身子穿球鞋的我，有點訝異地問：「喔！爲什麼？」黃阿赧用透露出一點點委屈的聲音說：「因爲我好幾天都沒有睡午覺了，阿毛都不讓我睡……」

唉攸威呀！當把拔的，心疼一下子就湧上來了。這個寒假，爲期兩週的寒假班我們選擇只上一半，第一週帶她們出去到處玩耍增廣見聞，第二週送她們上寒假班，好讓我們在年末之際喘息一下。在這個寒假班裡，兩個小妞妞，本來被分配到兩個不同的班（都是混齡班），上到第三天時，阿毛因為和班上老師和同學都不熟，開始咿咿嗚嗚不去上學了。我和夫人想了一個辦法，拜託園長，讓阿毛轉到姊姊的班上，於是阿毛開始和姊姊形影不離，聽說，星期三星期四兩天，姊姊都很照顧妹妹，一起操作教具，一起吃午餐，一起睡午覺……阿毛很喜歡姊姊，姊姊似乎也挺享受當一個照顧妹妹的姊姊。

我深吸一口氣，用心地猜猜看小姊姊的心情，我猜，黃阿赧除了享受當姊姊以外，可能也長時間照顧哭哭想馬麻的妹妹，眞的累到了。我轉頭跟夫人說：「黃阿赧當姊姊，連續幾天照顧妹妹，可能很辛苦，想休息了，我們今天有沒有可能調整行程，中午接她們姊妹回家，讓黃阿赧可以好好睡個午覺。」小女孩可能是被把拔讀懂了心情，瞬間就紅了眼眶，斗大的眼淚咚咚咚落在木頭地板上……

一旁原本安靜的夫人馬上發揮她問問題的專長，把握時機問著：「黃阿赧，你中午在幼稚園照顧阿毛睡覺，阿毛是不是都不讓你睡？」黃阿赧邊掉眼淚邊說著：「對呀，阿毛躺在我旁邊，我有時候都快要睡著了，她會想把拔馬麻，然後還會哭，有時候阿毛瞪大眼睛看著我，先是表情怪怪的，然後就突然打我，害我明明就快睡著了，結果又被嚇醒！」

唉攸威呀！這下子我的腦海裡可以清晰拼湊出整個畫面了。原來啊，阿毛在陌生的班上，雖然有姊姊，可是到了睡覺的柔軟時段，特別想念把拔馬麻，不知如何是好的時候（因爲不知如何是好，才會出現怪怪的表情），無計可施之下，就只好拿起小手，把即將睡著的唯一的親人黃阿赧姊姊打醒，來陪伴不知如何入睡的自己。

夫人心疼地把黃阿赧小妹妹擁入懷裡，疼愛著她。我在一旁深呼吸著，然後用很肯定又充滿愛的聲音說：「黃阿赧，你這幾天辛苦的當一個照顧妹妹的好姊姊，一定很想早點回到家，好好地睡個午覺。沒問題，今天把拔中午就去接你們回來！」然後，就眞的把原本排滿的行程更改了，去「把她接回來」！

因為連著兩天想睡都不能睡的疲倦與辛勞，那個充滿愛，想好好照顧妹妹的一顆心，被遺落在教室的角落裡了。還好，當把拔的我，今天沒有太匆忙，沒有一不小心錯過了。在綁鞋帶的當下，有停下來多問一句「喔！爲什麼？」，有帶著願意懂的心，多猜一點女兒細膩的心，因而，在冬天的這一天早晨，沒有讓女兒充滿愛的心，遺落在那裡。我們的懂和愛，加上了陪伴，帶她的那顆心回到了心裡的家。遺落的心，一有機會被帶回心裡柔軟的家，安在感、放鬆感、平靜感，常常都會一起悄悄地光臨。

帶「被遺落的自己」回家，不是只有在治療的場景裡，才可以做，在日常生活裡，只要發生的當下，有覺察，就可以尋找資源，想辦法帶自己回家。

還記得自己出第一本書之後，出版社在台北信義誠品書店爲讀者舉辦了很體面又挺盛大的簽書會。那一天，大大的海報上有哈克的巨幅照片、來來去去的人潮，原本好期待這場簽書會的我，卻因爲人生地不熟，害羞怯場了起來，明明準備了二十幾頁自己讀著都會感動落淚的PPT，卻只能不知所措地拿著麥克風，久久都說不出那些準備許久的好東西。那天，我眞的失常了，我把自己遺落在誠品信義店三樓了。

被遺落的自己，是要深呼吸才能有機會帶回家的。

那個簽書會的夜晚，匆匆簽完上百本書之後，我獨自在高鐵月台等車回台中，拿起了手機撥給好朋友錦敦，電話裡，說著自己的慌亂、說對自己表現不好的生氣、說以後簽書會一定要找好朋友林祺堂老師來當主持人，那就不會這麼慌了……電話那頭，錦敦其實沒說什麼，就只是帶著一份懂的心情，說：「那眞的是辛苦了……」我一邊大口嘆氣，一邊慢慢地覺得某部分的自己開始被承接了，於是，就不那麼整個都遺落了。

願意說，然後有人聽、有人懂，被遺落的自己就有機會越來越少。

如果有機會可以帶曾經被遺落的自己回家，我們就很有機會減少對伴侶的抱怨與責怪；如果可以帶自己回家，也就有機會不常責怪自己爲什麼活得這麼差。於是，生命裡如果出現了風和日麗、無風無雨的日子，就來好好健康地活著，一天天累積好的狀態、好的資源，那麼，一旦風雨飄搖的時刻到來，就有了很好的資源與基礎，可以迎接被遺落的自己回家。帶被遺落的自己回家發生越多次，完整的自己就越發清亮！我自己，用了十五年的時間，沒有放棄任何機會，迎接回來一個又一個曾經被遺落的自己，因而一天比一天多點力量。

如果，你想起曾經生命的某個時刻（例如十二歲那一年），有個被遺落的自己，可以試試看以下這段「美麗的回家語法」把自己帶回心裡的家。

【美麗的回家語法】

預備動作一：先找出一個自己喜歡自己的經驗，最好是長大以後的美好經驗。

預備動作二：做三次深呼吸，回到中心，安靜又有力量。

實際操作：

這樣跟自己說：「好啊，是個好時機，來把……（十二歲）的自己帶回家了……讓長大以後的自己……（平靜安全溫暖）的自己，把（十二歲）的自己抱進懷抱裡……對……對……再也不孤單了，帶回家了……（這時候常常會有很深的觸動伴隨著深呼吸或吐氣），哇！對……對……真好，就這樣帶自己回家了……對，真好，真好，回家了，就完整了，就安心了……」

清澈的眼淚vs.剛開始的眼淚

因爲長期帶領助人工作者的訓練，我常常有機會遇見兩種眼淚，在工作坊裡，觀看我現場做治療示範的成員，有些人看到觸動之處，會流著「清澈的眼淚」，而另外一些成員，眼淚不是流的，是無法控制噴出的，那是「剛開始的眼淚」。

「清澈的眼淚」常常是靜靜無聲地從臉龐流下，那是慈悲的眼淚，是爲眼前這位正被我陪伴的示範主角的生命苦痛而流下的淚水，那是一份懂得的情，是一份關愛心疼的眼淚；而「剛開始的眼淚」常常伴隨著強烈的呼吸聲噴發而出，有時候甚至會大聲哭到有點喘不過氣來，這樣的眼淚說著：又有一個被遺落的自己被發現了，因爲發現了被遺落的自己，那麼，眞的就有一段回家之路，在眼前呢！

每回，遇見這些不知所措的「剛開始的眼淚」，我的心裡常會出現這樣的一段祈禱：「親愛的老天爺，請您照顧這顆受傷的心！不知道什麼時候、什麼場景，這個珍貴的心被遺落在某個時刻、某個角落、某個無法承受的情緒裡，請老天爺在合適的時候，照顧這顆心，讓這顆心，在一年一年努力地長大之後，有被帶回家的好時機……」

清澈的眼淚怎麼來？

清澈的眼淚，從剛開始的眼淚那裡，慢慢慢慢地走過來；清澈的眼淚，從擁抱自己的傷開始，因爲能把自己的傷擁入懷裡，一次又一次地帶被遺落的自己回家，所以一步一步地走向幸福的那裡。

8 有症狀出現，或許是你準備好了
——許給自己一個家

有一年，我到美國加州的聖塔若沙參加吉利根博士（Gilligan）的工作坊，那次的課程裡，在治療師的陪伴與照料下，我把七歲遺落在街頭的自己帶回了心裡溫暖的家。那之後，不知爲何，開始有了一份信心，相信自己可以建立一個屬於自己的家，於是那個夏天提起了勇氣求婚，隔年在台中結婚，三年後生下大女兒，過兩年小女兒也來報到，人生就眞的這樣開始建立自己的家了。

事隔八年之後，吉利根博士來台灣開課，我充滿期待又去上課，三天的課程裡，聽到了好幾個震撼的觀點，其中一個是：「憂鬱、焦慮，都是成長的一部分。所以，我們的任務不是要去除憂鬱焦慮，而是在憂鬱焦慮的時候，要『**記得繼續成長**』。也就是說，成長的路上，本來就會憂鬱焦慮，所以憂鬱焦慮，是要走過的，是要迎向的，同時，千萬不要忘記繼續成長。」

吉利根博士還說：「當一個人的症狀出現了，可能是內在資源足夠了，不用再完全依賴防衛機轉來保護傷了。所以，症狀來的時候，我們可以歡迎它，讓我們一起來工作。」多麼震撼人的觀點啊！症狀來了，是因爲內在資源足夠了。生命的底下有一個傷，這個傷等在那裡，等著有一天，它的主人累積了足夠的能量與資源，然後，終於等到差不多了，於是用一個訊號（症狀）來通知主人說：「我在這裡。」

傷口＋資源＝完整的我。

這個我衍生的數學式子，說的是：如果我們聽懂了、聽見了這個訊號，因而能夠安靜地回到中心，讓「傷口」遇見了「資源」。這麼一來，我們的內在就會有傷，也有資源，一起都在，一起成就完整的我。當人生的陰影遇見了力量與陽光，我們不再晦暗，也不再輕飄飄，我們有機會共同合作、造就完整的我。

可是，爲什麼許多人的症狀出來以後，就只有受苦，而沒有走向靠近完整的道路？爲什麼呢？其中一部分原因，是因爲內在沒有長出能夠承載「讓傷口與資源並存」的好狀態。這個好狀態，又稱爲好場域（field），有點像是熬煮蘿蔔排骨湯的穩

定爐火，穩穩的熱能，讓原來本質生冷的白蘿蔔，有足夠的時間在暖暖的湯裡，與溫潤滋養的排骨輕輕碰撞、混合交融，慢慢變換出美味的湯頭。

那麼，要怎麼樣爲自己長出承載「讓傷口與資源並存」的場域呢？我的第一本書《做自己，還是做罐頭？》裡，提到的幾個生活練習都是可以長時間累積的好途徑，像是回到中心、並存、清洗內在寶石。透過持續地練習回到中心、清洗內在寶石、並存句型，會有機會在生命裡擁有一份安靜，進而擁有一份與內外資源連結的好狀態。而這本書裡，還有一個接下來會說得更詳細的路徑，叫做「爲自己創造一個家」。

以下這段文字，是我在工作坊現場的創作，是我自己很珍惜的一段手稿，放在這裡，和讀者分享。如果你願意，可以唸給自己聽，也可以播放隨書附的CD第三首，讓我的聲音陪伴你走一段舒服的旅程。

為自己「創造一個家」

邀請你找一個舒服的位置，讓背稍微坐正，背有點支撐會更好，來享受一段大約十分鐘的內在旅程。

「我有一個家，讓我可以回。」

其實，我們都準備了好久，才有一個家，讓自己可以回。如果你願意，可以把眼鏡暫時摘下來，如果你的皮帶很緊，可以稍微鬆開它。

出生的時候，我們的爸爸、媽媽或家人，幫我們準備了一個家。好不容易可以走到這裡，今天，咱們來幫自己，擁有一個家。如果生命中曾經有遺落的自己，那麼在心裡，來創造一個屬於自己溫暖的家，一個可以帶他回來的家。

想要邀請你，把一隻手放在心臟的部位，另一隻手放在肚臍的部位，或者兩隻手都放在肚臍，都可以。你會知道放在哪一個部位，有機會陪你找到、擁有、看見這個好不容易才幫自己建好的一個家。

等一下我們要來看一看、聽一聽、摸一摸這個我們為自己建立的家。它可能小小的，它可能大大的，它可能高高的，它可能寬寬的，它可能是一個舒服的小角落，我們要來一起看看，它長什麼樣……

你一定沒有把自己丟掉很多很多很多，所以才能夠來到這裡；你一定曾經握緊拳頭，然後跟自己說，再努力一點，再撐下去，所以你才會來到這裡；你一定曾經凝視遠方，然後說，孩子，讓我們一起努力，再試試看；你一定曾經在搖晃的船上，緊抓著自己的舵，然後說，「我的力量在這裡，我沒有要放棄。」你才會來到這裡……

所以，你的肩膀一定疲倦了，你的腳一定瘦了；所以，不知不覺其實你已經幫自己，創造了一個可以讓自己回的家。遠遠地、近近地看，你的家長什麼樣……

全世界，只有你，看得見。全世界，只有你，有資格開這個家的門。

它有窗戶嗎？它的門，長什麼樣子？

走進去，看見什麼樣的風景？

哪裡有燈？哪裡有音樂？哪裡有花，有植物，有擺飾？哪裡有窗簾？哪裡有舒服的角落？哪裡有可以喝水的杯子？

在這個家，找一個舒服的角落坐下來，跟自己說，「這是我的家」。謝謝自己走到這裡，擁有這一個家；擁有了這個溫暖的自己的家，我們就有資格，一次一次地帶自己回家。

可能是一杯熱茶，可能是一杯溫牛奶，在舒服的角落裡，好好享受這一個自己好不容易才為自己創造的家。左手摸摸看，摸到什麼；右手摸摸看，旁邊摸到什麼；這個房間，還有很多你沒有發現的好東西；全世界，也只有你看得見這些好東西。

它說不定有暖爐；它說不定有電風扇；它說不定有一盞暖暖的燈；它說不定有一個廚房，可以做菜；它說不定有一個花園，可以安靜。

等一下，當你準備好，或者覺得今天足夠了，就可以慢慢回來。同時你也知道，想回去，家隨時就在那裡，沒有人可以阻止你回去這個家。你不一定需要常常造訪別人的家，但是，你可以常常回來這個家。因為，這是你的，這是你為自己創造的家，沒有人能夠拿得走。

9 愛的小祕訣
——全然的讚嘆＋全然的擔當句型練習

幾年前我念博士班的時候，上了一堂很有意思的「親子遊戲治療」課。彰師大的高淑貞老師，教了「鼓勵」與「稱讚」的差別，這個差別一直到今天，還是讓我很受用。

稱讚，通常是這樣說的：「你好棒喔！」「你眞聰明！」

鼓勵，比稱讚多了觀察到的種種，包括能力、表情或行動，然後加上讚賞的語詞。像是：

「把拔看到你用叉子插起最後一口蛋糕，小心地拿給馬麻吃，你好貼心喔！」

「阿胖，我看你最近每天都流汗跑好幾圈操場，很有毅力喔！」

「夫人，妳最近很常煎魚給孩子吃，又香又健康，孩子有你這樣的媽媽，眞幸福……」

聽說，只有稱讚，對孩子的成長沒有太大的幫助。

聽說，如果多用**帶著例子描述的鼓勵**，被鼓勵的對象，包括成人與孩子，會有機會建立穩穩的自信心。有了自己的家庭之後，這幾年很認眞一次一次地提醒自己，用鼓勵來取代稱讚，然後眞的看到兩個女兒和夫人都穩定地長著自信心呢！

那天在浴室門口，黃毛毛需要小椅子來站著，才能在洗手台那裡刷牙，然後，大概小椅子有點噴到水了，黃毛毛就拿著毛巾在擦椅子……在浴室的門口現場，傳來黃阿赧好立體、好開心的聲音說：「阿毛！你好用心、好仔細，在把椅子擦乾啊！」唉攸威呀，看來黃阿赧大概學到把拔的精髓了，那麼完完整整地讚嘆著妹妹！我聽見了一份「全然的讚嘆」！

「全然的讚嘆」遠遠超過了在親子教養上被極力推崇的「鼓勵」。**因為透過聲音、透過全身的表情**，那麼全然的整個人都在說著那句話！所以，聽著的人，一定全身的毛孔都在微笑呢！生命裡，如果有人這樣全然的讚嘆，聽見的人，一定有機會更喜歡自己、更愛自己。

練習全然的讚嘆眼前的人

眞實的生活裡，在我們的文化氛圍下，全然的讚嘆其實很罕見。我們的文化挺擔心如果孩子從小就這樣被誇獎讚嘆長大，怕他們會驕傲自大。其實，被全然的讚嘆對待長大的孩子，除了長出了對自己珍貴的喜歡以外，只要好好學習「敬意」，那麼，對自己的喜歡，就可以是很單純地喜歡自己，而不會失控走到了把別人壓在下頭的那個驕傲自大的位置。我用一個方向式子來呈現：

喜歡自己＋尊敬別人＝＞有機會快樂又適應地活著。

於是，我們有機會來練習使用全然的讚嘆，來讓身邊的孩子、身旁的朋友親人，更喜歡自己。生活裡，其實挺難等到別人全然的讚嘆自己，因此，想要一天比一天活得好，有一個可以操作的好行動，就是練習「全然的讚嘆眼前的人」。

我從高中時代一直到現在，都很持續認眞地練習這個功課。有一個好笑的例子，發生在我讀高中的時候，那時我週末要搭火車從台南回到老家大甲。有那麼一次，我背著南一中的書包坐在莒光號上，忽然一閃神，像電影場景似的，走道那端出現了一個清秀脫俗的少女，走向我，竟然在我的座位旁坐下來了……唉攸威呀！

少年的心，一下子騷動了起來，好想好想跟身旁的少女聊天啊，如果可以要到她的電話號碼就太棒了……

因爲火車座位本來就很靠近，所以少女的眼睛離我不到六十公分，我看著她從包包裡，拿出一疊厚厚的信，一封封慢慢拆開、讀信，不時還從嘴角的酒窩裡露出迷死人的微笑。還記得那時候十六歲的我，腦海中不知道跑過多少句搭訕的句型，那些句型現在想想，其實大部分都挺白痴，像是：「小姐，你住哪裡？」還有一些句型，是一說出來就會被認爲變態而馬上被打槍的，像是：「小姐，你用哪一牌的洗髮精，好香喔！」

因爲少女實在太迷人，我用盡了我的小腦袋可以馳騁的範圍，最後說出了一句到現在自己都還欣賞不已的句子。趁少女讀完一封信，還沒有打開下封信的空檔，我轉頭小心翼翼地開口說：

「你有好多朋友寫信給你，好棒喔！」

這樣一句全然的讚嘆一落，清麗的少女原本微微笑的嘴角，瞬間綻放爲盛開的笑容，一點點嬌羞地說：「沒有啦，我剛搬家，回去舊家拿信，都是以前國中同學寫給我的信，都是很好的朋友……」（讀者看到這裡，有沒有很想拍手叫好啊！）

後來，有沒有拿到少女的電話？

有，但是我沒有打過電話給她。我們倒是給彼此寫信，持續一年多的時間呢！

寫書的現在，想起火車上搭訕場景裡的自己，那麼年輕就認眞思索句型語法，而能說出那樣全然的讚嘆，心裡還是很佩服那個年輕的自己呢！

我的第一本書裡，有個不少讀者喜愛的解夢故事。故事裡的主角小禪有一天寄來一封附上圖畫的電子郵件，打開圖檔的我看見小禪畫了她夢境裡看見的彩色小羊。收到信的我好開心，馬上這麼回信：「收到了彩色的小羊，我好喜歡好喜歡，我把這張圖，放在我的電腦桌面，一開電腦，就看見了！我好期待你的這個夢，跟你畫的小羊，可以出現在我的第一本書裡呢！」是啊！把喜歡的東西、照片、作品，放在電腦桌面或手機待機畫面，是現代人很能隨手做到的全然的讚嘆，除了自己可以看見畫面而回味之外，還能完整地表達珍惜。

可能因爲我做這個功課夠久了，我身邊眞的開始有好朋友，也會全然的讚嘆我，爲我的生命，增添了好些動人的色彩。今晨，收到一封讓我紅了眼眶的電子郵件，是遠在西藏旅行的好朋友錦敦寫來的：

哈克：

人在異鄉，怎麼想念卻都是家鄉。也才發現，會想念的，也就是這些人；會想念的事，也就是那些事。不多，也不複雜。心想，回台灣以後，生活還可以更簡單些。

我最常想念起，我們聊天、泡湯的時候。心裡就想著，回台灣找個時間和你再去泡湯，好好說話，那眞是幸福的生活方式。

願我們都可以健康地活久些！

錦敦

短短的信裡，沒有任何的誇獎，沒有任何華麗的語詞，但是有著濃濃的珍惜與全然的喜歡！人，可以這樣，就被愛到了。被愛到一次，會覺得是碰巧；被愛到兩次，會覺得開心；被愛到五次六次七次，會知道，我眞的有可愛的地方；被珍惜的人愛到十次十一次，就確定了，我眞的值得被愛。

常常給出全然的讚嘆，養成給出讚嘆的好習慣之後，常常會發生的事情就是，你的身旁，開始會出現一個又一個不知不覺就給你全然的讚嘆的人。

生命的優惠怎麼來？

當然不會自己來，所以，要不要試試看，先從讚嘆身邊的人開始！

全然的擔當句型：「沒問題，包在我身上！」

使用時機：心情好的時候
使用者狀態：願意成全彼此
建議用量：一天不要用超過三次

有了全然的讚嘆在親近關係裡當基底，我們就有了很好的位置，開始練習全然的擔當。關係裡因爲有全然的讚嘆持續地發生，於是有了力氣可以大聲說：「沒問題，包在我身上！」

大女兒八個月大的時候，當新手爸媽的我們，常常忙到喘不過氣來。那時候就很懷念黃阿赧剛出生時，每天睡覺時間一到，我們把她用舒服的包巾包起來，輕輕放在床上，美麗的眼睛看呀看，就睡著了。到了八個月大的時候，喔！每天要陪她好長一段時間，女兒才會緩緩入睡。因爲照顧女兒很疲累，我們夫妻兩人，都滿臉倦容，唉，眞的是不容易的人生啊。想起剛結婚時的那些清爽的日子，眞是懷念懷念再懷念！

照顧女兒的過程，夫人和我常常會有這樣的對話：「老公，黃阿赧大便了啦，你幫她洗屁股好不好？」「老婆！黃阿赧想吃奶，她不要把拔了啦，你趕快來！」

你如果有小孩就會知道，這種時候都很想大聲說：「不好！」「可不可以不要？」因爲眞的太累人了。

可是，夫妻就是兩個人，我不做，就是夫人做；夫人不做，就是我做。所以，常常就會拖著疲憊的身軀，在浴室裡默默地洗那個小屁股。這樣一天天過去，夫妻兩個都會很怕聽到這樣的聲音，「老公，你可不可……」「老婆，你可……」

這樣下去也不是辦法，所以，要來發明新句型。

既然哀怨地做也是要做，那就來爽快一點。有一天，夫人開口：「老公，月底了，要記得領錢給保母了喔！」我深吸一口氣，然後大聲勇敢地說：「沒問題！包在我身上！」夫人聽了好開心，還跟我說：「這樣聽起來好放心喔！」

於是，我們開始快樂地練習這個句型，像是黃阿赧快睡覺了，我說：「太太，女兒拜託你囉！」夫人就大聲回應說：「沒問題，包在我身上！」哎呀！聽起來眞的很好聽耶！一整天，就這樣練習好多次，越來越喜歡這個句型。

話說回來，我們不可能每次都這麼有擔當，所以，加進一個輔助句型來平衡。有天晚上，我教了進修推廣部連續四小時的心理學導論回到家，黃阿赧在床上滾來滾去，天漸漸暗了，我躺在女兒旁邊休息，夫人說：「老公，你可不可以幫小蛋頭洗屁股，她大便了？」我想了想，眞實地這麼回答：「太太，我願意，但是，我眞的沒力了。」

這個搭配的輔助句型，就是「我心裡願意，可是我沒力氣了……」，這很適合用來搭配全然擔當的句型「沒問題，包在我身上！」。意思是說，有時候，爽快的答應；有時候，眞的沒辦法，就不好意思的說我沒力了，同時也表達願意，這樣子，說不定挺平衡的。

試試看，這樣全然的擔當的句型，讓一些「不得不」的哀怨，變成勇敢有氣魄的承擔。我爽快地擔起這個擔子，你勇敢地擔起那個擔子，那麼，這個家，就有了好的支柱。

10 用心滋養彼此

——滋養並存句型練習

人，在關係裡得到滿足；人，也最常在關係裡因爲得不到想要的需求而受苦。我發現，身旁那些相處起來舒服自在的朋友，都有一種「無所求」的獨特狀態。無所求的意思是，自己有自己的滿足，有自己的生命重心，因爲好好活著，好好經驗著生命的一個個畫面、一個個時刻，因而**沒有一定要別人補的洞**。

不是沒有洞喔！只要是人，就多少會有大大小小黑黑灰灰的洞和痛。只是，無所求的人，不依靠別人幫他補這個洞，不強求別人陪他體會這個痛。

洞，是我的，我負責好好來填。

傷，是我的，我想辦法；痛，是我的，我找方法撫慰。

因爲不強求，所以身邊的人就不會因爲怕被拖累而選擇遠離。沒有選擇遠離與保持距離，我們才眞的有機會擁有親近關係的可能。話說回來，從哪裡可以一步一步走向無所求？我第一本書裡頭講的「信任我正經驗的」，是很基礎的第一步。如果可以在生命的種種發生裡，覺察被自己推開的那些部分，然後像紀錄片導演一樣，拍攝紀錄著自己的生命軌跡，一次次深呼吸之後開始可以相信自己正經驗的。人一旦對自己有了信任，就有了屬於自己可以控制的依靠，從此就不用整個人巴在別人身上，這麼一來，身邊的人就輕鬆了起來。

滋養並存句型：「同時，我也看見你是……」

使用時機：自信心培養階段
使用者狀態：願意對彼此好
建議用量：視體質而定，可以兩星期用一次，也可以一個月保養一次。

逐漸走向無所求的路徑，除了信任我正經驗的，還有另一個可以和好朋友練習的活動，那就是「滋養並存句型」。這個活動，不是逼迫別人來滋養你，而是我們**立下一個志願，許下一個約定**，來創造一個氣氛與情境，用心滋養彼此。建議你可以先找好朋友來一起練習，等到熟練了，也更喜歡自己一些了以後，再找親近伴侶練習。（不騙你，我發現從好朋友開始練習眞的比較好喔！）

滋養並存句型，是我在吉利根博士的講義裡，發現的一個很棒又很實用的句型。先來看看這個很適合在關係裡操練的句型結構（吉利根博士設計，哈克翻譯與改寫版本，A是主角，B是陪伴者）：

A1：「我是一個＿＿＿＿的人。」

B1：「是的，你是一個＿＿＿＿的人。」

（B專心的接收A說出來的訊息，接下來安靜地聽心裡的聲音，讓直覺浮現，接收到直覺訊息時，常常會伴隨一個自然的深呼吸，然後就可以說出下一句。）

B2：**「是的，同時，我也看見你是**一個＿＿＿＿的人。」

A2：「是的，同時，我也是一個＿＿＿＿的人。」

B3：「是的，這兩個都是你；同時可以擁有這兩個，眞好。」

A3：「是的，這兩個都是我；同時可以擁有這兩個，眞好。」

B4：「是的，你比這兩個部分大得多。」

A4：「是的，我比這兩個部分大得多。**我接納這樣的我，並且深愛我自己。**」

眼尖的你，大概很快就發現，這個句型最關鍵的所在，就是B2的那一句。A1，是典型的對自己發牢騷、自我懷疑的語句，是我們遇見重要事情或挑戰時，會自動化跳出來的自我對話，像是：「我爲什麼總是這樣沒力沒力的……」「每次到了關鍵時刻，我都沒有勇氣，眞沒種……」這個句型裡，陪伴者B，**先承接住抱怨或自我懷疑**，所以B1接住說：「是的，你是一個＿＿＿＿的人」。許多人聽見別人自我懷疑，總是要趕緊安慰他沒那麼嚴重，可是，那些自我懷疑裡，還眞的有那麼一點眞實的成分在呢！因爲眞的有眞實的成分在，用「是的，你是一個＿＿＿＿的人」來承接住，人反而可以因爲著地而有了力量。

接下來，就是關鍵的B2這一句了。B1所接住的是說著：是的，一部分的你眞的是這樣。而B2要帶著力量說的是：除了剛剛你不喜歡的那部分自己，你還有另一個部分是……如果陪伴者眞的懂，就有機會說出那另一部分的描述。那另一部分的描述，常常是對方很珍貴很美好的特質，是缺點之外的其他眞的存在的好東西，可以是「堅強」「聰慧」「開朗、會哈哈笑」「韌性十足」「貼心溫柔」「熱力四射」「能享受音樂世界的美好」「能盡情舞動身體」「被喜歡時可以眞心付出」……當我們可以一次次看見對方的**另一部分——那些自我懷疑的相反邊**，並且說出來而且被聽見——這時候，**滋養就不再是夢幻的想像，而是實際的力量**。

用以下的例子，來讓這個句型更清晰一些：

A1：「我是一個提不起勁又愛耍賴的人。」

B1：「是的，你是一個提不起勁又愛耍賴的人。」

B2：**「是的，同時，我也看見你是一個關鍵時刻會醒來的人。」**

A2：「是的，同時，我也是一個關鍵時刻會醒起來的人。」

B3：「是的，這兩個都是你；同時可以擁有這兩個，眞好。」

A3：「是的，這兩個都是我；同時可以擁有這兩個，眞好。」

B4：「是的，你比這兩個部分大得多。」

A4：「是的，我比這兩個部分大得多。**我接納這樣的我，並且深愛我自己。**」

生活裡，這個滋養並存句型，我用最多的地方就是我們家夫人身上。來一起看看下面這個眞實的例子，來說說「滋養並存句型家用版」：

我和夫人在一起已經超過十二年了，回想起剛認識她的時候，她只有二十出頭，那時她很常自怨自艾，帶著一份不安全感說：「你不知道啦，我是金玉其外，敗絮其內，你眞的認識了裡面的我，就不會那麼喜愛我了……」

我沒有被她的話嚇走，我心裡想，**誰不是**！我心裡想，我自己身上，有美好的部分，也有不堪的部分，何嘗不是一樣的呢！

緣分眞的很奇妙，十幾年前在高雄，我幫美國來的催眠訓練師夏琳做催眠同步口譯時，遇見當年二十四歲的她，我和她的工作是輪流幫催眠訓練師做現場翻譯。有一回星期日的傍晚已經下課了，一個心理師臨時請夏琳幫忙做催眠治療，一下子走到了很深的位置。那時，完成兩整天現場口譯工作的我，拉著行李正準備搭火車回新竹，而她也買好了機票，要搭一小時後的班機回台北。我在門邊準備離開會場時，轉頭見她放下了行李箱，坐在心理師身旁幫忙夏琳做翻譯，專心陪伴整個催眠歷程。我心裡震撼著，這是一顆多麼好的心呀！多麼良善啊！留下來幫忙翻譯，就一定會錯過即將起飛的班機，良善的她依然決定留下來幫忙。

這顆良善的心，是她；覺得自己敗絮其內的，也是她。重點是，當她整個活在自我懷疑的世界時，只看得到、感覺得到敗絮其內，沒有辦法移動視線感覺到自己有一顆良善的心。於是，在她身旁的我，在後來的十幾年的歲月裡，把握每個機會，說出這個也符合事實的**另一個部分**：「是的，我看見你很擔心自己敗絮其內；是的，同時我也真的感覺到你有一顆善良溫潤的心；是的，這兩個都是你，你真的比這兩個多更多。」

關鍵的B2：「是的，同時，我也看見你是一個＿＿＿＿的人」，讓自我懷疑的人有機會在難受的時候，也能因爲陪伴者的眼光與喜愛，而看見自己的另一部分。這時候，因爲陪伴者有品質地看見，資源就流動了起來。資源一流動，看見的難受，就有了不一樣的顏色。

而今，我也依然用這個句型陪伴夫人。那天，夫人準備要帶領工作坊，因爲很看重，自我懷疑句型不知不覺又出現了：「老公，我覺得事情太多，慌慌的很怕來不及ㄟ！」我深呼吸，用滋養並存句型回應她：「是的，我看見你慌慌的很擔心來不及，是的，這是你；同時，我也看見你，是一個情感流動又能順暢給愛的團體帶領人；是的，這兩個都是你，而你，比這兩個還多更多。」

夫人深呼吸地收下，沒說什麼。

同時，我知道，**因為我給出的這個滋養並存句型，她就沒辦法完整地待在自我懷疑的世界裡了**。一個人一旦沒辦法完整的自我懷疑，那麼，自信心與累積出來的那些屬於自己的力量，常常就悄悄地浮上來了。

於是，說不定，你也可以把握每一次機會，在身旁的人出現自我懷疑時，不跳過、不忽略、不假裝、不粉飾，然後眞實地說：「是的，一部分的你，眞的像你所說的，而我認識的你，還有另一個部分，是＿＿＿＿。」

11 「我不覺得是這樣……」

——例外句型練習

我成長的過程裡，幸運地遇見了一位很照顧我的前輩——現在任教於朝陽科技大學的李華璋副教授。我們認識彼此那一年，我剛從美國念完碩士回來，在諮商輔導界還是個只懂皮毛的二十九歲小夥子，那時華璋已經在彰師大念博士班了。那一年，我們兩個同時應徵上交大諮商中心的兼任諮商師，華璋因爲家在台中，來新竹需要一個落腳處，而我剛好住在新竹，於是就開始了一整年每個星期三徹夜長談的美好經驗。

對我來說，在那一段年輕歲月裡，華璋亦師亦友的陪伴，帶給我再珍貴不過的禮物了。我們常常從晚上十點開始，把兩杯白開水放在餐桌上，就一直說話一直說話，印象中，我會說好多好多我接個案時的無法承受、教書時的不知所措、情愛關係裡不知如何處理的情緒，當年我最常說的話是：「爲什麼每次都做不好？我眞的很糟糕……」「爲什麼我那麼容易就想撤退？」「爲什麼我總是那麼容易氣起來又下不去？」

每當我出現這樣自我懷疑的「爲什麼」句子時，華璋總是溫和地聽，然後不疾不徐地說：「我不覺得是這樣。」

每回說完「我不覺得是這樣。」華璋總會轉身去廚房倒杯水來喝。事隔多年我回想起來，突然懂了他轉身倒水喝的原因：會不會他還不知道後面一句要接什麼！而即使不知道後面一句要接什麼，他都要先把這打斷我自我懷疑迴圈的關鍵語詞說出來：「我不覺得是這樣。」

倒完滿滿的一杯水，華璋會慢條斯理坐下來，然後完成這個句子：「我不覺得是這樣。你上次在東海大學帶壓力抒解團體時，就有想出好點子突破困難啊！」「我不覺得是這樣。上上禮拜，你在交大博愛校區門口的那次衝突，就沒有馬上被激怒啊！」

於是，二十九歲那一年，**因為這樣一句又一句的「我不覺得是這樣。」「我不這麼認為。」把我的自信心像砌磚頭一樣，一星期一星期地墊起來**。現在回想起來，今天我可以活成現在的我，那年華璋兄不屈不撓地否定我每一個自我懷疑，眞的是最大的功臣。

這幾年，我發現有另一個句子的意境與影響，和「我不覺得是這樣」很接近，是「你不只是這樣」。當華璋說「我不覺得是這樣」，否定的是「爲什麼我每次都那麼容易氣起來又下不去？」裡頭的**每次都**，否定的是每次、總是。這樣的否定能傳達的是：是的，這次你眞的容易氣起來下不去，同時，我認識的你，**不只是這樣**，然後用心搜尋曾有過的記憶，尋找不只是這樣的例外故事。這裡的搜尋，是帶著愛的願意找尋，是因爲有長時間的情感，所以擁有共同經驗或曾經累積足夠多的一個又一個不同時間點的故事。因爲有例外，我們就無法像之前一樣，如此輕易否定自己，把自己打了一個大叉叉、潑上整桶的黑墨汁。

因爲有一個人，看不過去那麼極致的自我懷疑，於是用心搜尋例外的故事，然後認眞看著自我打擊的眼睛說：「我不覺得是這樣……」「我認識的你，不只是這樣……」這樣的愛，多來幾回，我們就有機會好好健康地長大長好。

例外句型練習：「我不覺得是這樣……」

使用時機：很需要喜歡自己的時候

不只是這樣，我給後輩的好影響，正在傳遞著呢！」

所以，**有一天，「你不只是這樣」，會內化而成堅定的自我對話：「是的，我不只是這樣……」**這一天來到的時候，內心的世界，就會擁有多采的顏料，而黑色墨汁，就只待在眞的很黑的那裡而已，不跳過，也不渲染。於是，大樹有綠意、湖水有深藍、山稜線立體而清晰，而小溪終將歌唱，歌聲裡唱著，「不只，不只，眞的不只是這樣……」

除了「不只是這樣」帶來好的能量狀態以外，我有一個經典的「涉水背包」小活動，也可以幫助我們集結資源，並且擁有好狀態。之所以叫做涉水背包，是因爲我們生活裡總有突然來襲的挑戰，像是要涉水過湍急的溪流一樣。既然挑戰隨時可能會來，那何不在生活裡，就準備好背包裡的東西，迎接挑戰呢！這個活動，就是拿來好好準備背包裡屬於自己的好資源的。這是一個適合找兩個好朋友進行的小活動，需要的人就可以當主角，幫彼此準備爲自己量身訂做的背包內容物。

生活小練習

【涉水背包】原來我是如此美好！

步驟一

三人一組，每個人輪流當主角或選擇一位最需要的人當主角。主角要拿出一到兩張照片，照片裡有著喜歡的自己，說說照片裡的生命故事。請主角盡可能多說一些讓聽者可以身歷其境的例子，說到聽者都好像跟你一起在那裡了。

步驟二

陪伴者可以自然的好奇主角的故事，也可以搭配下面這幾個我私藏的火熱推薦好問句來訪問主角，讓故事更說到裡面去。

- 在這個故事裡，你最喜歡自己做了什麼？
- 這段經驗裡，如果有一個很棒的部分，一定要寫在回憶錄裡，那會是什麼？

■最了解你的朋友，聽了你的故事後，他會說從哪些地方看到了你的用心？

■如果人生像一道湯，有時淡，有時酸，有時辣又鹹，你會說這段經驗為你的人生增添了什麼獨特的味道？

■如果愚公移山的故事強調的是毅力，你會說這段故事你要強調的是什麼？

■這齣戲演到現在，你會說主角在劇中表現最精采的是什麼地方？不管別人怎麼想、怎麼說，你自己最想跟自己說什麼？

■如果你這段經驗要選一首歌來當主題曲，你會選哪一首？哪些歌詞最能代表你的心情？

■千年的神木，都是從一顆小種子長起的。你會說在這段經驗中的你，是一棵什麼樣的樹？種子是從幾歲開始發芽的？（以上這幾個很棒的問句，都挑選自黃錦敦老師與林祺堂老師設計的生命故事卡。）

步驟三

陪伴者協助主角找到隱喻。陪伴者說：「閉上眼睛，在心裡，看見這個樣子的自己，看見表情、模樣、聲音，身旁的回應，說話的樣子，有一份感覺從心裡浮上來，對，對，這樣的你，如果用一個隱喻，像是動物、植物、天氣……來形容，你覺得會像什麼？」

步驟四

澄清隱喻。陪伴者問：「多說一點？多大？什麼顏色？有背景嗎？有聲音嗎？多說一點，讓我們好像從你的心裡看見一樣！」

補充步驟

如果你手上有我研發的生涯卡、能力強項卡，那麼在步驟一的部分，主角可以先把手中的能力強項卡、生涯卡①，憑直覺交給其中一個伙伴。而在步驟二進行的過程中，陪伴的兩個人，一個拿著生涯卡，一個拿著能力強項卡聽，邊聽邊把故事中聽到主角有發揮的好能力、重視的生涯價值觀挑出來，等主角故事被訪問完了，就可以把這些挑出來的牌卡推出來給主角看到。推牌的同時，還可以說說在故事的哪裡，聽到主角發揮這個能力、價值觀。

①生涯卡、能力強項卡，是我設計的生涯規畫系列卡片中的其中兩套卡片媒材（能力強項卡是與李華璋博士共同研發），主要是拿來澄清自己人生重視的價值觀、以及哪些能力特別能夠發揮。

Part III

心暖了，愛就在了

1 等待，是一種必然

炎熱的夏天，在南台灣冷氣很涼的百貨公司裡遇見了一個栽種台灣芒果的精緻攤子，長方形的海報上有著讓我駐足動容的八個字：「種植幸福，以愛收割。」我拿起手機拍下畫面，心想親近關係的經營，不也像用心栽種果樹一樣嗎？每一種果樹，需要的營養素、陽光、水分都不一樣，那親近關係呢？

提出英雄之旅觀點的神話大師坎伯說，他之所以能維繫四十九年的婚姻，關鍵在於「讓」。這裡的讓，不是讓對方，而是讓「婚姻」或「伴侶」這個關係。我清晨讀書讀到這一段，忍不住大口深呼吸了好幾回。是啊，「讓」眞的是又珍貴又不容易。

坎伯說的讓，不是讓她、讓他，是我願意「讓」這一份我「珍惜的關係」，是因爲決定繼續擁有這段關係，所以我願意讓。在這裡，「我」依然有主體性，我依然有機會爲自己發聲，同時，因爲珍惜我們的關係，我願意「讓」。所以，即使有一些委屈，有一些擠壓到我的需求與堅持，我都依然願意用你期待的方式，對你好。讓，是一份願意，是一份決定，也是一種能力。我的體會是，親近關係裡一旦出現了讓，就有機會不那麼爭。

伴侶關係裡，有一個很大的變數，叫做年紀。遇見的伴侶跟自己年紀相近、比自己小、比自己大，都會變得很不一樣！我遇見夫人的那一年，我即將三十歲，而小我五歲多的夫人，當年才二十四歲。在那個年代裡，五歲多的差距眞的不小，我常常想，我上大學的時候，夫人才剛小學畢業，升上國一呢！

可能因爲年紀有差，在伴侶關係的初期，大部分時候，是我在讓。我們認識的前三年，每回吵架的冰封期，幾乎都是我表達善意、先低頭、先照顧她，深吸一口氣把自己的需求擺在後頭。還記得有一回，我們在捷運上因爲一件小事吵了起來，好像是她在一家禮服店試衣服試了好久好久（對啦！是我覺得好久啦），我因而失去耐心，接著彼此就不高興起來，於是在某個捷運站下了車，坐在路邊那種公園裡都會有的雙人座椅子上，那是個細雨紛飛的冬天。椅子的空間並不大，但我們兩個人的身體，卻盡力挪到兩端，硬是空出了中間一段二十八公分的距離。

不說話了好一陣子，冷冷的細雨，不停飄落在我們越來越冷的身上與心上。

冷了大約十分鐘以後，我深吸一口氣，決定要放下自己的難受，先照顧她，我開口了：「我來照顧你，我來講一個故事給你聽。」於是，在細雨飄落的台北街頭，人車來來往往的大馬路旁，我說了這個一輩子都佩服自己的好故事：

大白兔救小白兔的故事

午後，突然下起了大雨，溪裡的水嘩啦嘩啦地奔流而下。小白兔孤單地站在湍急溪流中唯一的岩石上頭，大大的雨滴狠狠地打在小白兔的耳朵上、背上、尾巴上。石頭的前面後面左邊右邊都是奔流而過的、冷冷的水……

小兔子心裡想：「大白兔呢？大白兔跑哪裡去了？大白兔怎麼沒有來陪我？大白兔剛剛不是還在這裡嗎？」

對呀，平常都會陪著小白兔的那隻大白兔呢？原來，大白兔在大雨中滑了一跤，被急流沖到下游去了。遠遠的遠遠的，被沖到下游的大白兔，既害怕又著急，心裡最掛心的，卻是孤單在岩石上的小白兔。大白兔趕緊找了一艘小船，拿起了船槳，用力地嘿咻、嘿咻往上游划去，嘿咻、嘿咻、嘿咻！大白兔努力往上划，水量很大的溪水往下沖，每往上划兩步，溪水就把小船沖下三步，但是大白兔沒有放棄，決定用之字形划法，先斜斜的往上往岸邊划去，然後再轉個方向，繼續斜斜的往另一個岸邊划去，嘿咻、嘿咻、嘿咻！大白兔不斷湧出的大滴汗水，卻隱身消失在一樣是水的雨滴裡……

划了大半天，好不容易遠遠地看見了岩石上的小白兔，大白兔繼續努力划、努力划！然後，先請小青蛙跳跳跳跳跳過去，小青蛙問小白兔：「小白兔，你怎麼了？」還在氣頭上的小白兔只「哼！」了一聲，理都不理小青蛙。小青蛙只好噗通一聲，跳回水裡去了①。

大白兔在大雨中，繼續嘿咻、嘿咻、嘿咻努力往上划，終於靠近岩石，安穩地把小船停好。然後，用淋濕了的手，努力要把船上的木頭座椅擦乾，已經濕透了的木頭座椅，其實是怎麼用力擦，也擦不乾的。大白兔不管，再努力多擦了兩下，然後忐忑地抬起頭，直直看進小白兔的眼睛說：「上船來，好嗎？我載你回家。」

台北捷運站前的兩人座椅上，我聽見二十八公分距離外的她，輕輕吸了一口氣說：「好啦。」

好險好險，哈克這個現場即席創作的故事，在那個時候，有照顧到難受的心，也解救了細雨中已經超冷的身體。

研究所，等待他當完兵、過二十九歲，等待她有足夠的力氣與勇氣搬出來住，等待他長成眞的能負責任的男人……

如果眞的很喜歡一個人，這個人也眞的值得你等，那就用點方法繼續愛，讓自己可以多等久一點囉。

♡　♡　♡

這個「小兔子的小方船」故事，發生在我們結婚前兩年，而今結了婚，還生了兩個小可愛。我把剛寫完的這篇書稿給夫人看，夫人看到四隻小小兔座椅的小方船那一段，情緒飽滿地抬起頭來說，那個小方船，不能給你坐，是因爲你生起氣來，根本就不是兔子，是一隻大象！大象一進來小方船，哪裡裝得下！

喔……原來是這樣喔！

①為什麼會突然冒出小青蛙這隻兩棲類呢？吵架時，情緒下不來是常態，這種時候，如果只有表達關愛與願意退讓，常常不足以讓氣頭上的人釋然。小青蛙這樣的角色，安排在這裡，不是為了跑龍套，是創造一個關鍵轉折角色，隱喻治療的專有名詞叫做「砲灰」。能扮演砲灰角色的，一定

不會是自我認同隱喻（像是小白兔是夫人的自我認同隱喻，而大白兔是我當年在親近關係裡的自我認同隱喻）。如果把自我認同隱喻拿來當砲灰，說故事的人，就會很受傷。聽起來是不是挺有道理的？

疼來照顧原本心裡難受的自己，這樣的連結與親近，眞的挺不眞實呢！

痛就痛，爽就爽

這個「習慣性延長」，我先後用在好幾個伴侶身上。一直到結婚前，我做了一個決定，在某一天的清晨，我跟夫人說：「我決定了，我不要再用唉唉叫、延長身體的難受，來得到你的愛了。」

爲什麼不用這一招了？因爲偶而用一次，很好用。但如果是長久的親近關係，一次又一次地使用之後，伴侶會越來越沒有耐心，然後出現這樣的內在對話：

「唉攸，因爲你都已經身體不舒服了，我只好照顧你。」

「爲什麼？」

「爲什麼每次我都不得不照顧你？」

一旦對方心裡浮現這種不得不的心情，感覺到被伴侶的痛苦延長所控制、威脅，這麼一來，關係的親近因爲不是建立在眞實的連結感上，就瀕臨危險了。另外，「習慣性延長」的另一個副作用是，當我們的痛苦長時間被習慣性地延長、放大，於是有一天，我們會這麼說：「我**常常**不快樂……」這裡的**常常**兩個字，有時候是人生眞的很辛苦，有更多的時候，是因爲我們習慣性地延長、放大了遇見的辛苦與難受。

那怎麼辦？

我們一起來跟黃阿赧小妹妹學習，學習一個不怎麼熟悉，卻也不太難的新習慣。這個新習慣，叫做「痛就痛，爽就爽」，於是：

傷心了，就眞的傷心，不假裝沒事，也不放大傷心；挫折了，就眞的挫折，不以爲沒事，也不延長挫折。

有偷偷的竊喜，就眞的低頭竊喜，爽在心底！聽到了開心的消息，就讓臉上心上，一起歡欣鼓舞！

3 我可以「不需要」無條件的愛

人，在關係裡被回應需求而感到滿足；人，也因爲得不到需求的滿足而在關係裡受苦。在一場自己當學生的工作坊裡，我聽吉利根博士說過這樣的新視角：當我們年紀很小的時候，特別是嬰孩時期，眞的需要無條件的愛；然而，長大成人以後，其實我們可以「不需要」無條件的愛。無條件的愛，在我們很小的時候的確很需要。肚子需要有人來餵飽，肌膚手腳需要有人碰觸，發出嗚嗚嗚嗚不成調的聲音時，需要有人回應。如果那麼小的時候，身旁人給的愛是有條件的，例如像是：你要長得很可愛，我才要愛你、照顧你，那麼我們就沒有辦法好好長大了。所以，無條件的愛，眞的是小時候的我們，非常非常需要的！而現在，我們長大了，有沒有可能其實我們「可以」不需要無條件的愛。

爲什麼？擁有無條件的愛，不是很好嗎？

當然很好，只是很難擁有。當一個東西很難擁有，又強要，那就是辛苦的根源了。身邊有不少朋友，包括我自己在內，眞的都在長大成人以後，依然希冀一份無條件的愛可以存在，也因而持續受苦。像是這些我在諮商室裡，持續會聽見的呼喊：「爲什麼他不能完整地愛這樣的我？眞實的我就是這樣啊！」

「如果她一定要我改變，才愛我，那就不是眞的愛我。」

「看著一直打電動的他，我眞的愛不下去！但不是說愛應該是無條件的嗎！我這樣是不是沒有眞的愛他？那什麼才是眞愛？爲什麼我遇見的男生，不是愛打電動，就是泡夜店徹夜不歸，要不然就是像木頭、石頭一樣都屬於頭類？」

因爲祈求伴侶給出一份無條件的愛，即使自己耍賴、做錯事、沒有做家事……都還是希望伴侶可以完整地愛我。這樣童話式的期待，落空的機率，實在是太高、太高了！或者，換個方向，因爲期待自己能給伴侶無條件的愛，但又眞的給不出去，因而懷疑自己是不是因爲不夠好，所以無法給，或者懷疑自己並非遇見眞愛。

負起責任，為自己注入愛

爲什麼「期待無條件的愛」落空的機率會很高？道理很簡單，因爲不只是伴侶給不了，我們自己對伴侶，常常也給不出這樣無條件的愛啊！所以，如果慢慢長大以後，可以深呼吸做出一個人生的新決定：**「是的，從今天開始，我知道可以從身旁的人得到一些愛；同時，是的，我也可以給自己一些愛；於是，加起來，就有不少愛。」**這個新的人生階段的決定，會潛入你的潛意識，讓關係慢慢不那麼辛苦。

於是，準備好的時候，來深呼吸做一個新決定，決定接下來的人生，不需要無條件的愛，也負起責任爲自己注入愛。這樣的新決定當然不是一件容易的事，因爲不容易，我們就需要爲自己創造有力量的階梯往上爬。我有兩個爲自己注入愛的小方法，也是往上爬的好階梯，一個叫做「登山背包」，另一個是「成爲這個城市的風景」（下一篇就會看到了喔！）。

為自己注入愛的練習

登山背包——我的安靜、專注

登山背包，是一個為自己收集「安靜、專注」的好方法。人一旦夠安靜、能專注，**為自己注入愛**這件事，就不再那麼難了。你可能也發現，登山背包和前面第171頁裡提到的涉水背包很相像，沒錯！登山背包就是涉水背包的自我對話版。

步驟1

拿出紙筆，或者習慣書寫的電腦。邀請自己找到一個生命裡，很安靜或很專注的經驗，然後開始把這個經驗寫下來，越清晰越立體越好。

步驟2

再多寫一些，多說一些。在那個經驗裡，自己聽見什麼？說了什麼？看見了什麼？體會了什麼？感覺到什麼？盡可能的，把故事說到如果有一個很好的讀者正在讀這個故事時，好像跟你一起在那裡了。一邊寫，也可以一邊用以下的問句更懂自己一些：

■ 在這個故事裡，我最喜歡自己做了什麼或沒做什麼？這段經驗裡，如果有個很棒的部分，一定要寫在回憶錄裡，那會是什麼？

■ 如果人生像一幅畫，這段經驗為我的人生增添了什麼獨特的顏色或畫面？

■ 如果這段好經驗要選一首歌來當主題曲，我會選哪一首？哪些歌詞最能代表我的心情？

步驟3

找到屬於自己的隱喻。閉上眼睛，在心裡，看見這個樣子的自己，看見自己的表情、模樣，聽見自己的聲音、身旁的聲音，看見自己回應、說話的樣子，有一份感覺從心裡浮上來。對，對，這樣的自己，像什麼呢？

步驟4

更擁有這樣的自己。繼續閉上眼睛，讓自己完完整整的，擁有這個畫面、這個感覺、這個聲音、這個顏色，好好地擁有這樣的自己。

當困難、挑戰、掙扎來了，如果我們準備好了屬於自己的資源，就有機會不慌亂。如果，我們事先爲自己準備一整桌豐盛自己生命的佳餚，登山背包裡愼重用心地放入可以支撐的掛勾、可以溫暖黑暗的火種、可以拉大視野的望遠鏡、可以安靜下來的一本書，這樣當關係裡不得不發生的風雨來時，我們也帶著準備可以迎向了。

透過登山背包的練習，我爲自己累積了不少好資源。於是，生命裡，我可以選擇期待伴侶給我「無條件的愛」，也可以選擇做一個新決定，只從伴侶那裡要一點愛，然後努力奮起，負責給自己一些愛。我負責起自己生命基底的六十分，那麼伴侶給的愛，就像是加分一樣，會從六十分往上加。

4 我可不可以是這個城市的風景？

爲什麼親近關係，很容易卡住？

因爲，我和伴侶一定有地方不一樣。即使只是一些不一樣，但因爲親近關係距離很近，這個不一樣的拉扯就會感覺好大、好大。既然因爲不一樣造成的拉扯幾乎無可避免，那麼，找到屬於自己的方法、找回能量、擁有力氣，就變得很關鍵。因爲，有能量有力氣，才能眞的撐住，在被逼走之後，能再一次的重新回到關係裡。

找回自我能量的方法

我自己找回力氣的方法，叫做：「我可不可以是這個城市的風景？」聽起來有點奇怪，但我覺得挺好用。

五月的一個週末，女兒的幼稚園舉辦母親節園遊會，攤位上擺滿了一個一個由媽媽們用心整理出的家裡玩具來義賣。黃毛毛的小班老師——周老師，忙裡忙外的，從八點多到十一點。太陽好大好大，周老師從頭到尾都微笑著，彎彎的眼睛親切極了！

周老師微笑的美麗表情，眞是這個城市的風景。

一樣在幼稚園，星期一的早晨我送兩個小妞妞去幼稚園，剛好遇見升旗，小小可愛極了的小朋友們排排站。這是一個基督教的幼稚園，孩子們正在唱跳跟天主有關係的舞，好像是迷路的羊兒你在哪裡……而我的眼睛，無法從一位年輕的老師身上移開，那是黃阿赧上學期的實習老師——毛毛老師。毛毛老師站在隊伍的最前面，面對著一整班的小朋友，毛毛老師非常陶醉地搖動著身體，還有搭配歌詞的眞實表情，帶領著孩子們唱著歌、跳著舞，好看極了。我看過很多幼教老師帶著孩子唱遊，但我眞的沒看過像毛毛老師這樣，自己如此投入享受地搖著唱著。我猜，如果我是毛毛老師班上的幼稚園學生，說不定也會變得喜歡唱歌、跳舞呢！

毛毛老師全身都在唱歌跳舞的樣子，眞是這個城市的風景。

有一回，搭火車去基隆，參加疼愛的學生的喜宴，車子經過七堵，上來一個又一個六、七十歲的阿伯阿嬸，每一個都有著登山背包、登山杖，每個人的登山鞋上，都沾滿了泥巴，他們應該是清晨五六點，就來到這裡的一座山，攀登上去，又走了下來吧！

他們登山鞋上的泥巴，眞是這個城市的風景。

一場輔導研習裡，我做了一次重複夢境的現場解夢示範，出來分享夢境當主角的老師很帶種，說了年少歲月深刻的夢，一個半小時大風大雨的示範過後，場子裡淚水奔流。主角流淚，旁邊學習著的六十位老師們也擦拭著自己的淚水。做完示範，我坐在離桌子十公尺的距離，靜靜地看著一位一位老師排著隊，跟主角分享著自己的觸動，然後一個一個掉著眼淚謝謝主角、彼此擁抱……而我，安靜地凝視著，然後也靜靜地流著感動和喜悅的淚水。

生命可以這樣擁抱，可以這樣靠近，眞是這個城市的風景。

星期二的早晨，我載夫人和好朋友阿珮，一起來到台中巷弄裡的一家精緻咖啡館。我的攝影師好友敏菊，正在這裡爲惠明盲校的孩子募款，美好的攝影作品印成了精緻的明信片，在咖啡廳裡義賣著。敏菊看到我們來，熱心地、細細地，跟我們說著她被惠明盲校感動的過程，拉著我們的手，在咖啡廳裡這裡說說，那裡說說。一個八年前幫我們夫妻拍婚紗照的攝影師，可以這樣熱騰騰地活著，把自己熱愛的攝影作品，變成行動，付出力量！這，眞是這個城市的風景。

回想起心動台灣一一七，在台北周志建老師的場子裡，我應邀去分享故事。回程，因爲要趕最後一班高鐵回台中，一位好朋友，幫我們提著重重的行李，在台北街頭火速狂奔，跑跑跑跑，跑跑跑跑，跑上捷運，後來搭上高鐵。

那男子提著行李、充滿力量的手臂，與奔跑熱情的心，眞是這個城市的風景。

可不可以，我也是這個城市的風景？

可不可以，我也這樣投入生動地活著，眞的成爲這個城市的風景，然後，有人駐足，有人想拿起相機拍下這個剎那！如果一天天眞的這樣活，會不會有一天，憂鬱就沒有空來找我們了？

有停留地凝視，就擁有看見風景的眼神。

有專注地投入，就有機會活成這個城市的風景。

關係卡死時，何不來練練肌肉？

要怎麼樣才能活成這個城市的風景？**投入去活、投入去愛、投入去給、投入去觀看**，都是關鍵。與其在困住的親近關係裡卑微無力地活著，不如想辦法專注投入去活出一個吸引人的樣子！讓黯淡已久的自己，散發伴侶不一定看得見、路人卻會被你吸引而停留目光的時刻。這樣是不是很酷呢？

我球場上的忘年之交阿昇有一句挺白痴的名言：

「阿昇，你覺得什麼時候適合健身？」

「情傷的時候最適合。」

「為什麼？」

「與其哀怨度日，不如努力健身。把睽違已久的六塊肌練出來、或者把兩邊的屁股練到可以塞回內褲裡，吸引下一個或下兩個好了！所以，什麼時候適合健身？情傷的時候、關係卡死的時候，都超適合的！」

阿昇的話，聽起來是不是很有道理?!還記得前面寫到的關於長頸鹿、斑馬、小兔子、獅子嗎？如果六塊肌練出來了，屁股也成形了，那麼會不會你的動物類型，也悄悄地升級了，像是從鴨子變成鳳頭蒼鷹?!

試試看，在平凡又忙碌的生活裡，從關係的困境裡暫時走出來，因爲投入地活，而重新拿回屬於自己的力氣，然後挺起胸膛回到關係，繼續努力；或者，挺起胸膛，離開這段關係，迎向下一段人生的新可能。

5 親愛的爸爸，我要謝謝你

——因為都說了，所以就不怕了

幾年前的一個下午，接到母親從大甲打來的電話，說爸爸心肌梗塞在急診。我和夫人匆忙地帶著很大的擔心趕回大甲老家，還好老天爺保佑，父親度過了危機，一個月之後，裝了三根支架，血管恢復暢通。

那之後，其實只要天氣一冷，我就會擔心父親的身體。不想要只是擔心，於是我在一個安靜的夜晚，寫了一封信給父親，隔天貼上郵票寄給了大甲的父親。寫了、寄出去了、爸爸讀了，我們之間，就眞的有一份父子關係「完成了」的感覺。因爲完成了，遺憾就少多了。

這封信，是這樣寫的：

親愛的爸爸，我要謝謝你！

謝謝你把我生下來，把我養得這麼好。

親愛的爸爸，自從去年你心肌梗塞，後來心臟血管裝了支架，只要天氣一冷，我就擔心了起來。擔心的是，你會不會什麼時候就突然走了。

親愛的爸爸，我要謝謝你！

謝謝你在我四、五歲的時候，在大甲家裡走廊，陪我玩傳接球。我猜，是你買了第一個棒球手套給我；我猜，我們用的，是你打軟式網球的球。我依稀記得，你總是丟球給我，然後我接住。我猜，你會在我接住時，說：「ㄟ，接得好。」好像還沒跟你說過，我喜歡和你一起丟球、接球。

親愛的爸爸，我要謝謝你！

謝謝你在我五、六歲的時候，騎著偉士牌摩托車，帶我從大甲騎到大安海邊，看你釣魚。回程時，我猜我常常會睡著，你總是記得把我叫醒，以免我從摩托車上掉下來。好像還沒跟你說過，我喜歡和你一起去釣魚。

親愛的爸爸，我要謝謝你！

我很喜歡早晨跟你去買豆漿。我記得你騎摩托車載我去大大的豆腐店買豆漿，我負責拿著大大的茶壺，裡面裝滿了豆漿，還要在蓋子和壺嘴套上塑膠袋，用橡皮筋綁緊，免得豆漿一路上濺出來。六歲七歲的我，手細細的，可是很有力氣，可以一路上提著重重的豆漿回來給全家人喝。好像還沒跟你說過，我喜歡和你一起去買豆漿。

親愛的爸爸，我要謝謝你！

我成長過程裡，你常常因爲胃潰瘍身體不舒服，我看到的你，常常是躺在一樓的床上休息；國中時，有一次我喜歡的女生打電話來找我，電話被你接到，我猜你很擔心我因爲談戀愛而影響成績，因此把我叫到床前，很有耐心地跟我說了一番道理。我要謝謝你，那樣護著我，期許著我好好讀書、有好的前途。好像還沒跟你說過，後來她嫁給一位軍官，還當了法語系的系主任。

親愛的爸爸，我要謝謝你！

青少年時期的我，很瘦很瘦，長得實在不起眼。國中時期開始喜歡聽國語歌曲，我記得你帶我去夜市，買那時候很流行，但好像不是正版的合輯錄音帶。那一卷錄音帶裡面有羅大佑的現象〈七十二變〉，還有林慧萍的〈戒痕〉，這卷錄音帶，是我一輩子最愛的錄音帶。我在家裡上下樓梯時，常常會唱歌唱得很大聲，還會大聲哈哈笑。我要謝謝你的是，你從來不會嫌我吵，你總會說：「哎呀，能這樣大聲唱歌大聲笑，很健康！」好像沒有跟你說過，是你這樣的態度，讓你的孩子，在諮商治療的領域裡，眞的能流淚，也有正向的大聲哈哈笑的好能量，帶給好多人很深的感動與歡笑。

親愛的爸爸，我要謝謝你！

高中時期，我離家去念台南一中。我很想家，常常週末就搭火車回大甲，每一回你總是坐在客廳的大藤椅上，我一進門，你就說：「辛苦了。」我知道你在鼓勵我，知道我在異鄉努力讀書，你用溫馨的言語勉勵我。寫到這裡，我突然理解，你不是沒事坐在那個大藤椅上的；你是算好時間，等在那裡，等著兒子回家的。好像還沒跟你說過，是你那句「辛苦了」，讓我眞的拚命苦讀，考上清華大學。

親愛的爸爸，我要謝謝你！

剛入職場那幾年，從小沒什麼歷練的我，傷痕累累，有一回我很痛苦，想辭去大家都覺得理想的工作。大家都反對，我記得回到家，向你說著難受與掙扎，你看著我，溫和地說：「只要對你的身心健康有幫助，就辭職吧。」好像還沒跟你說過，是你的支持，讓我安心走向現在燦爛豐富的人生。

親愛的爸爸，我要謝謝你！

三十一歲那一年，第一次帶李泓回家給你和媽媽看，你帶著李泓在菜園裡，考考她認不認識你種的青菜。我離開大甲回到台中，聽到電話留言機裡傳來的訊息，媽媽興奮地說：「你爸爸說可以娶回家了啦！」結婚以後有一次，要從大甲離開，你坐在客廳那個你專屬的大藤椅上，跟李泓說：「士鈞就請你多照顧了。」好像還沒跟你說過，我很感動你這樣說，我都這麼大了，你還拜託我的夫人照顧我。親愛的爸爸，對你的感謝，當眞說不完。

親愛的爸爸，謝謝你把我生下來，讓我擁有這麼美好的人生。我願意用心行善，照顧款待來到我面前需要幫助的人，希望正向的好能量，能幫助你好好健康地活著，看著可愛孫女逐漸長大，看著你的兒子眞的成爲一個很好很好的人。

6 心暖了，家就在了

有一回，在心理成長的工作坊裡，我帶著感觸說了這句話：「心暖了，家就在了。」話一落，聽者的眼淚竟然成串地落下。

很多朋友，在接近結婚、接近需要確定感情、接近正要建立一個家的時候，都有一整組不知道從何而來的害怕：害怕自己沒辦法擁有一個好的家，害怕自己沒有能力生養可愛的孩子，害怕自己有一天會對身邊的伴侶失去興趣、失去熱情、失去感情。「心暖了，家就在了」這句話，是一份眞心的禮物，我很想送給這些因爲眞實面對自己而會害怕的朋友們。對於掙扎於溫飽與挨餓邊緣的辛苦朋友們，「心暖了，家就在了」這句話要微調一下：「心暖了，家就多像一點家了。」

我們都曾經在自己的家裡受傷，說過星期天要帶你去動物園的父親，因爲工作忙沒能帶你去，是受傷；剛和父親吵完架氣沖沖的母親，沒來由地罵了你和妹妹，也是受傷。因爲這些傷，我們默默立誓，長大以後，要建造屬於自己美好的家；我們立誓，絕對不讓自己的孩子像自己當年那樣受傷，一定要找個好人建立一個美好的家。於是，帶著美好勾勒的樣貌，成了家。

不巧的是，成家了以後的星期天，原想和女兒共度美好週末，卻天還沒亮就已外出工作；不巧的是，晚上累垮垮回到家，很容易和伴侶吵架，一不小心，有時孩子就會被罵得挺無辜。勾勒的美好樣貌，有時候看來看去，怎麼只有薄弱的邊框，怎麼都塡不滿裡頭的顏色。

「心暖了，家就在了」說的是：暖自己的心，是成家的第一步，是擁有一個家的核心能力。我們會累、會挫折、會厭煩、會想把對方推開，所以，當我累了、挫折了、厭煩想推開對方時，我直接開口說：「夫人，我的內在空間很小。」然後，開始行動，暖自己的心。

沒有內在空間的時候，我會走到家裡的後陽台，摸摸我種的九層塔、揉揉薄荷葉、鬆鬆迷迭香的土，讓晚上的涼風吹吹我很多煩惱的頭、常常撐著的脖子……然後問自己：「我還可以怎麼暖自己的心?」想到了，然後就去做。

有時候，我打開電腦裡「小妞妞們」的檔案夾，看這幾年來女兒們的照片和影片，看她們一路長大的樣子。常常看著看著，那僵硬緊繃的臉就柔軟了起來，當肌肉柔軟下來，心就暖了一點點，心暖了一點，再回到客廳，那些本來沒辦法做的家事，就多了一些甘願來做；原本想說卻找不到言語表達的感覺，又多了一些流動的可能。

進入婚姻一轉眼也快十年了，我這陣子有個新的體會：**進入婚姻之後，要知道，我對伴侶的愛會消失，伴侶對我的愛，也會消失。**因爲疲累、操煩，我們沒有內在空間擁有愛，於是，愛眞的會消失。只是，我們可以學會「暖心」，於是，愛的消失，好險可以只是暫時，而當心暖起來之前、消失的愛還沒有回來之前，還無法用流動的愛去愛對方時，要記得的是，依然可以有一份心去照顧伴侶。

這裡的關鍵是：流動充沛的愛，是湧出的，無法預測與控制。於是，**當沒有流動的愛可以給的時候，記得依然可以有一份心去給出照顧。**照顧是一份心意、一份願意。**有心意、有願意，就可以直接行動。而愛，是一種狀態，狀態無法強求。**

當伴侶對我們沒有流動的愛時，深吸一口氣，知道這是長期親近關係的必然，這是愛的本質之一。知道必然，還是會不爽，不爽怎麼辦？買盆喜歡的盆栽吧！像我的好朋友一樣，卯起來去健身房練出辣媽的身材吧！像我親愛的岳母一樣，去大安森林公園跟每個植物、動物大聲說早安吧！像我女兒一樣，大口大口吃下美味巧克力！像我的好朋友錦敦、寶如一樣，背起行囊，旅行在異鄉的街道、徒步到沒有底的森林深處。這些，都是想盡辦法暖自己的心。

三口井，暖我的心

身爲心理諮商工作者，常常聽到一種似乎無解的痛楚：

「我老公都忙著看股票、玩線上遊戲，都不關心我！」

「我女朋友喜歡跟姊妹淘一起逛街，我是不是吸引力不夠啊？」

「我男朋友常常聽不懂我的心事，每次都急著要幫我解決問題，F#$＊！」

這些朋友，說的都是眞實的難受，也都很難有什麼「快速解」。伴侶關係裡，當需要不能得到「完整」回應時，是很折磨的。如果我們把自己大部分的需求，都放在期望另一半的身上，這樣的情形，就像是整個大村子只有一口井。萬一那口唯一的井乾枯了，那就慘了。

只要談過戀愛的人都知道，伴侶這口井，超容易乾涸的。生日禮物送錯了，期望落差太大，乾涸；想要多一點自由，卻被綁住，乾涸；感冒來襲，喉嚨痛如刀割，乾涸；孩子生病了，太太瞬間就只是一個媽媽了，乾涸；股票市場利空來襲，先生瞬間就只是一個看著電腦螢幕的笨蛋，乾涸。因爲伴侶這口井，太容易乾枯了，因此，我們更需要經營另外兩口井。或者說，「甘願」好好經營另外兩口井，是成年以後的重要功課。

對我來說，第二口井是：好朋友的關係。擁有好的朋友關係，說起來簡單，做起來並不容易。小的時候，我們在意自己可不可愛；年輕的時候，我們煩惱自己是不是受歡迎；年紀越來越長，我們開始擔憂自己是不是成爲別人的負擔，擔心別人承受不了。

幾年前，幫《老爸給我的最後一份禮物》這本好書寫了推薦序，書裡作者提到一個很好的見解，她說：人老了，特別是老伴走了以後，有幾個能力特別重要，像是發動與人建立關係的能力、說笑話讓身邊的人開心的能力、給出一個溫馨的微笑溫暖身邊的人、單純眞心地關心問候人……這些能力，其實說穿了，就是交朋友的能力。

我很喜歡台灣的一件事是：7-11和星巴克常常推出第二杯半價或者買一送一的活動，因爲，我就可以常常想，那第二杯我要請誰喝呢？於是，之前每個月都要去南部帶工作坊，好朋友寶如常常會在一起去搭高鐵之前接到我的電話，我問她：「你要喝什麼？今天星巴克是買一送一喔！」請朋友吃東西、喝飲料，是我可以想像到最簡單對人好的事。請朋友吃吃喝喝，不是慷慨而已，而是情誼的流動，可以眞實地讓朋友知道，我想著你、我心裡放著你。所以，主動去連繫朋友、主動移動位置去到那裡和朋友吃頓飯聊聊天，就有機會擁有一份情感的連結。這樣的能力與習慣，千千萬萬不要等老了沒人理了，才開始培養，那會有點晚喔！

寫到這裡，突然想起了身邊朋友們都很愛的人，我的忘年之交雷爸。雷爸是一個非常願意付出的人，有情有愛有行動。記得黃阿赧小妹妹出生的時候，我們還住在後陽台舊居，沒有電梯的五樓。雷爸知道黃阿赧小妹妹因爲皮膚敏感，只能用日本進口的紙尿布，特別去好市多大賣場買了一大箱的尿布，快六十歲的人了，直接扛上五樓給我們。女兒轉眼都六歲了，我卻一直都沒忘記六年前雷爸扛著尿布賣力走上五樓來的那一幕。經營第二口井，關鍵無他，就是：「對人眞心的好，並且有直接的行動。」

第三口井，對我來說，是找到可以投入的領域、專長或興趣。

因爲伴侶關係會卡住，是必然。伴侶關係卡住了，卻難以脫困，是常態。在這樣的必然與常態裡，關鍵並不是找到一個理想完美伴侶，而是，要擁有流動的好能量。好能量怎麼來？可以靠第二口井裡，朋友的滋潤或親情的溫馨。更可靠的，是第三口井，因爲我正投入地做著我享受的事，所以我不卡死。

雷爸是情感型的人，只要付出情感就會快樂，他空軍上校退伍後，除了在台中張老師當督導以外，這兩年還去幫忙「老朋友專線」，主動打電話出去關心那些需要幫忙的老人家。即使兩個孩子都長大獨立了，雷爸一點都不閒，天天忙得開開心心。

而我自己，最熱愛帶工作坊了，只要一段時間沒帶工作坊，就會唉唉叫、不高興。一讓我拿起麥克風，帶諮商訓練工作坊，專注地做現場治療示範，我整個人都會活起來，然後，回到了家，就會能量流動、有愛有力氣。

於是，我們承諾自己，把眼睛從卡死的伴侶關係移走，好好經營第二口井，對朋友好，對家人好；用心投入第三口井，做那些自己享受投入的事，然後，能量充沛地回到伴侶關係，灌溉第一口井，一起喝甘甜的水。

7 剛剛好的自責分

做心理治療十幾年的歲月裡，在個諮室裡、在工作坊裡，發現有一個東西特別難眞的幫到，這個東西叫做「自責」。跟「自責」是好姊妹的，有「遺憾」「內疚」「如果……」

「如果我那時候沒有……就好了……」

「如果那時候，我……事情就不會發生了……」

爺爺走的時候，我有一份自責。那天是九二一大地震，地震前的下午我回苗栗探望已經九十幾歲、生命走到將盡時刻的爺爺。那時候，因為博士班要開學了，所以看了爺爺一會兒之後，又開車回學校整理宿舍準備開學。就在那天的半夜地震來了，學校停課了，我又開車載我的爸爸回爺爺家。回到爺爺家時，因爲來回奔波加上地震時的喘氣逃難，身體好累了，所以就上二樓睡覺。三四個小時之後醒來，媽媽跟我說：「剛剛，爺爺走了……」唉，一份遺憾瞬間浮上來……我不應該去睡的，我剛剛應該陪在爺爺身邊的。

爺爺走了以後，有一陣子我也有另一個自責。爺爺的最後那兩年，是無法言語的，那時候二十幾歲的我，不知道要怎麼跟這樣的爺爺說話，可能，也不忍心直視這樣的爺爺，所以我總是回到苗栗，用客家話叫一聲：「阿公！阿司滾來看ㄥ囉。」（爺爺，士鈞來看你了）然後，就不知道怎麼樣跟爺爺說話了。爺爺走了以後，我會怪自己：「那時候，爲什麼不跟爺爺多說說話？爺爺從小那麼疼我的！」

自責，悄悄地，不知不覺地來；
內疚，默默地，跟著心底的嘆氣來。

是的，自責內疚眞的在，同時，我也想起爺爺八十九歲的那一年，那一次我和我的小堂妹在分不出白天黑夜的加護病房裡照顧著爺爺，小堂妹拿著熱毛巾，幫爺爺擦臉，而我在床尾幫爺爺剪指甲。我手裡拿著的指甲剪小小的，爺爺的指甲硬硬大大的，我細心地一個一個腳趾頭剪著。我還記得，爺爺躺在床上，打了一個好大好大的哈欠，我猜，那時候的爺爺，高興孫子孫女照顧著他。那是我最後一次看爺爺打呵欠了，還好……還好……還好那天，那個時候，我有幫爺爺剪指甲……

腦海裡，又想起爺爺八十八歲那一年，雖然爺爺已經說話很困難了，我那些活得很精采的叔叔姑姑伯伯們，很喜歡在老家客廳裡，圍繞著爺爺說往事。那時候的我，帶著小型的隨身聽，錄下了一個又一個關於爺爺的好故事。其中一個爺爺的溫馨故事是這樣的：「鄉下有個失去丈夫的婦人帶著嗷嗷待哺的幼兒，來家裡請爺爺幫忙。爺爺想說如果給錢幫忙也只能幫得了一時，於是對著婦人說：『我幫你買一對羊，可以有羊奶賣錢，以後也可以生小羊。』婦人鞠躬感恩地離去。於是，在我們兒孫輩長大的過程裡，總會有一個婦人在中元節前，帶著新鮮的羊肉來爺爺家，我們一群孫子總是開心地喝著難得的羊肉湯……」還好，還好那時候，我有帶著錄音機，錄下關於爺爺的好故事，也把爺爺的好心，努力地在我的生命裡繼續的活著。

人生，你有幾個「如果那時候……」

人生，你有幾個「還好，那時候我有……」

若要補過，莫非行善

剛出道時，在諮商室裡我常常卯起來，想要教會眼前的人不要自責，因為我認為自責對心理健康一點幫助也沒有。可是，自責不是說要它走就會走的。累積十年的專業與生命經驗之後，我開始發展出一個視野，關於「如果……（自責）」與「還好……（慶幸）」的並存。我發現，人活著，很難沒有自責，既然很難沒有，那麼，不如就來接納這個眞眞實實的自責吧！

只是，有很多自責，超過了眞實，因而負了太多不是由我來負的責。於是，目標不再是去掉自責，而是，擁有眞實的責任，如實的自責。在棒球的術語裡，有一個名詞，叫做「自責分」。自責分的定義是：投手應負責的失分，投手因爲安打、四壞球、觸身球、暴投等情況而失分時，都記爲投手自責分。而在投球過程中，因爲守備失誤、捕手捕逸、別人失誤漏接所造成的失分時，不算自責分。放到人生的旅程上，「剛剛好的自責分」可以讓我們眞實又健康地活著。

如果這個人生事件，我眞的有自責分，那就眞的負起責任吧。如果這個生命事件，真的有不少是因為「別人失誤漏接所造成的失分」那麼，把該還的，還回去。然後，如實的自責，擁有真正的自責分。

有朋友讀到這裡，會問：「然後呢？」

生命的河流，不會重來，也無法重來，「如實的自責之後，又怎樣？」

我年輕的時候，心裡的慌亂太多，因而在情愛關係裡犯了很多的錯，對於曾經真心相待的女生，造成不少不小的傷害，有一段日子，我也常掉入自責的深井裡，直到有一天夜裡讀金庸的《天龍八部》，讀到一句話，頓時撼動！

「若要補過，莫非行善。」

短短八個字，撼動著我。從那天開始，我跟自己說，與其一直自責，不如在可以的時候，就來行善吧！陪伴因感情受挫而掙扎著要轉學的學生，是行善；幫要推甄的大四學生寫封誠摯又有力量的推薦信，是行善；寫篇讓大家活得更好的文章，說不定也是行善；號召專業上的朋友來為台灣這個島嶼一起付出，也可以是行善。

如果，如果真的有過錯，就來如實的自責，然後一步一腳印來行善。

遺憾少一點，還是犯錯少一點？

和自責很接近的，有一個相似的情緒，叫做遺憾。自責，常常是單一事件，而遺憾，是一種帶著生命長度的後悔。人活著，好像很難沒有遺憾、很難沒有後悔，我猜想人一輩子活到後來，最怕面對的就是，遺憾後悔。

後悔，常常是在幾年的歲月之後，後悔之前的歲月，沒膽做很想嘗試的事。於是說不定活到八十歲那年，會有這些曾經的後悔：

後悔二十五歲那年，沒有偷偷嚐嚐大麻的煙燻快感，因爲怕被罵。

後悔二十二歲大學畢業前，沒有跟那個偷偷愛戀的高中女孩表白，因爲好像不可以。

後悔三十五歲那年，不敢離開收入豐富又穩定的職位，因爲怕自己的夢想太不實際。

人活著，如果要成就所謂的「沒有犯錯」，似乎就注定擁有一個又一個的大大小小的遺憾。但是，如果眞實面對自己的需求、面對狂捲而來的情欲，帶來的又是傷害與犯錯，於是，如果讓那雙挑逗我的雙眼進入我的生命，我會傷了家人；於是，如果我偷偷在那個夜晚享受騰雲駕霧的暈眩，我會有接下來的失去。那麼，選擇不眞實的面對情欲，隱忍存活，迎接的就是懷裡小心抱著不爲人知的遺憾。

「行得正的人」，心裡抱著遺憾，像叮叮噹噹的小彈珠，很難數得清的；而「那亂來的人」，被罵得滿頭包，可是到老臨死，說不定遺憾眞的很少。所以呀，我有時候眞的挺羨慕那些「有時候會亂來的人」。

於是，我們會聽見環境裡充滿了很大聲的：「不要上癮」「不要出軌」「不要好高騖遠、不要沉溺於夢想……」這些讓我們不犯錯的規條，保護著我們，保護我們平凡無奇地活著。爲什麼要用規條來限制我們自己？如果這不是自然會發生的事情，就不需要規條來限制了，所以既然要規條來限制，底層說不定就是人眞眞實實的欲求與渴望。

一旦離開軌道、偷嚐、偷吃、偷……被冠上「錯誤」「壞人」的帽子，同時，可能也傷害了自己，也可能傷害了身邊的人。在眞實的人生裡，有兩個端點，左邊的端點是：如果眞的回應了自己的眞實欲求，可能會帶來錯誤與傷害；右邊的端點是：如果隱忍自己的眞實欲求，很有可能需要懷抱經年累月的後悔與遺憾。於是我問自己：「是不是犯錯少的人，遺憾會變多；而那些犯錯多的人，遺憾就少了一些？」

犯錯，其實就是違反了規則，或是離開了常軌。我給了離開常軌一個新的名詞，叫做「冒險」。有些人在關係裡持續勇猛地冒險，有些人去高空彈跳、騎腳踏車去西藏、有些人在股市裡拿存了好久才存到的錢大把大把地冒險、有些人在商場裡開發沒人聽說的新產品出奇兵冒險……我們都偷偷地把真實的渴望與欲望，在不同的地方尋找出口。

遺憾、犯錯、冒險，我都有。

是的，我有遺憾，我也犯錯，我也很愛冒險。於是，有時候我犯小小的錯，然後有時候閉起眼睛帶著遺憾，然後好好活著。於是，當我看著別人因爲犯錯而少了遺憾，我不去咒罵那個錯，我知道那裡有某個釋放或完成；於是，看著別人爲了不犯錯而把持住自己，同時心裡又多了一份遺憾，我知道我懂那個感受。

8 愛你，不是討好，是在安頓我的心

有一陣子，覺得死亡好靠近。擔心天冷，擔心父親心臟裝的三根支架，擔心母親身體檢查的結果，有時候也會擔心自己的身體……因爲覺得死亡如此靠近，決定好好來面對死亡。那天，剛好有個機會去好朋友小瓜呆的新家作客，夜裡，說著自己對可能來臨的死亡的種種念頭，小瓜呆一如大學時在我生命中扮演智者的角色，竟然轉身進了書房，拿了一本近乎文言文的「古書」給我，翻到其中一個章節，他說：「看看這個……」

人生得此好友，眞是珍貴。這本書是錢穆民國四十四年的作品《人生十論》。我拿起這本書，就眞的坐在小瓜呆家裡的客廳讀了起來，接下來幾天，我隨身帶著這本書，搭太魯閣號去花蓮帶訓練時，讀著、想著，搭飛機去香港帶工作坊時，也細細閱讀、品嘗著味道。讀著讀著，我猜，讀懂了一些珍貴的智慧。

錢穆這麼說：「人當於此一死限未臨之前，而先有其完成。故人當求其隨時可死。」這句話，如當頭棒喝，活了四十幾年，我一直都很怕死。我的力氣，常常都用在害怕死亡上頭。錢穆這句話，讓我發現，我如果夠有智慧，就得開始把力氣，從「害怕死亡但又不能怎樣」，移動到「隨時隨地準備好可以死」。

關鍵是：如何可以隨時隨地準備好可以死？

錢穆提供了很重要的路徑：「君子時時盡其職責，人生隨時完成，所以不怕死。」怎麼樣可以盡其職責，怎麼樣可以隨時完成呢？錢穆提到的路徑裡，我覺得最能夠落實在日常生活裡的，是「父慈子孝」。父慈子孝這四個字，我們從小聽到大，甚至，不少人一聽到這四個字，就會皺起眉頭，覺得很八股，很老套，很道德勸說……可是，當我仔細理解錢穆的想法，就覺得眞是太有道理了！

如果因爲事業繁忙，而錯過和孩子親近的機會，用錢穆的概念來說，就是沒有眞的把當父親或當母親的慈愛，好好地傳遞給自己的孩子。這時，遺憾就很深，即使事業經營得很完美，人生卻沒有一種完成感。反過來說，當我們眞的做到父慈子孝，當爸爸媽媽的，好好陪孩子玩、作菜給孩子吃、讓兒子女兒在爸爸媽媽的身上滾來滾去，甚至在臂彎裡安睡。這時父親母親的慈愛，是那麼完整地傳遞給了孩子；父親母親的心，就好好安放在孩子的心上了。

所以，錢穆說：「人心不能盡向神，盡向神，不是一好安放。人心不能盡向物，盡向物，也不是個好安放……孔子教人心安放在人心裡……他教各個人的心，走向別人的心裡找安頓，找歸宿。父的心，走向子的心裡成爲慈，子的心，走向父的心裡成爲孝。」

這段話，我在往花蓮的搖擺列車太魯閣號上，拿著書，搖頭晃腦的念了一遍又一遍，眞的是讀出了滋味來了！是呀，眞的是這樣，我沒有基督信仰，也沒有深刻的佛家修養，所以我眞的沒辦法從神的世界裡超脫生死。我的心，無法在神的心裡完全安放。是呀！經濟收入逐漸順暢，物質的滿足越來越豐富，卻沒有帶給我的生命多一點的不怕死亡。

但是，當我寫了〈親愛的爸爸，我要謝謝你〉那封信，而且信眞的寄了出去，父親在大甲老家，也眞的收到我的信。而我，在寄出信的那一天，跟夫人說：「寫了這封信，想跟爸爸說的感謝都說了，好像就沒什麼遺憾了。」因爲說出了感謝，給出了一份孩子對爸爸的孝，所以我的心，就安頓在父親的心裡了。因爲有這樣的安頓，一份重要的東西就完成了。因此，就可以多一些些的「準備好隨時隨地可以死」。

討好VS.安頓我的心

錢穆的這個觀點，和美國心理治療大師威廉．葛拉瑟（William Glasser）很相似。葛拉瑟認爲，一個人如果沒辦法跟人建立親近的關係，心理健康出狀況的機率會很高。親近關係，可以包括朋友、伴侶、家人。從這個觀點來看，一個人如果好好經營親近關係，可以讓自己更健康快樂。用錢穆的哲理來說，不就正好是：「各個人的心，走向別人的心裡找安頓，找歸宿。」

哎呀！如果是這樣，那就要好好來檢視一下或者重新看待「討好」，這個被助人工作者長期關注的溝通姿態。助人工作者對於個案的「討好」，常常很敏感。於是，個案常常在對伴侶好的時候，會很焦慮地問諮商師說：「我這樣會不會太討好了？」這是一個非常北美心理學的觀念，但是，可能影響我們眞的太大了。父慈子孝，哪裡能夠沒有討好？那些讓我們動容的孝順或盡力給愛的故事，哪一個不是把自己的需求放後面，然後盡全力地，讓父親母親或孩子得到照顧得到愛？可是，子因爲給出了孝，所以心安頓了；父因爲慈愛傳遞了，所以生命的某一部分完成了。這眞的不是西方心理學裡單薄的「討好」兩個字可以理解的吧！

寫到這裡，其實心裡很震撼，也很汗顏。這麼多年來，在助人專業裡，提醒了多少來求助的人，要小心喔！不要太討好，而失去自己喔！這個提醒出現的時刻，我是不是也阻攔了，一顆心原本可以好好安放在另一顆心上的美好可能？

於是，我們一起來好好看看「討好」和「安頓我的心」的差別。安頓我的心，是一份主動給出的愛，是我想這麼做，是我因爲這麼做，心裡眞的更滿足更安靜，那裡有一份很珍貴的甘願；而討好，常常伴隨著一份不得不，如果我不這麼做，會被懲罰、會被忽略、會遭受生氣。因此，討好是壓抑了自己的需求去完成別人的期待，過度犧牲自己的結果，常常後來反而引發不可收拾的大爆炸。而安頓我的心，因爲心甘情願，因而有機會在關係裡得到滿足，得到生命的完成感。

這裡，有一個很重要的差別是：**「是我自己問自己，我要做什麼？我要怎麼安放我的心？」這裡的我是主動的。而不是身旁的人怎麼要求我對他們好的**，不是阿公怎麼說要我更孝順他，不是夫人說老公你怎麼都不幫忙做家事……是我，爲了面對死亡，爲了想更完整地完成我的生命，因此用心地，在我的親近關係上安放我的心。

透過給出愛，安放自己的心

回到生活裡，我更單純地活著了。我問自己，我對黃阿赧、黃毛毛的愛，有哪裡可以表達、行動的？我問自己，我可以做些什麼，讓我的家人更幸福？我這樣問自己，然後一個一個眞實的行動，讓我的心，一步一步更安頓在我身邊親近的人的心上。而我身旁的人，不知不覺，也開始有機會給出全然的愛，透過給出愛，安放自己的心。

那天，夜裡九點三十五分，我從員林運動公園打完網球回到家，趕緊快快沖個澡，就一溜煙竄到三個小妞妞（黃阿赧＋黃毛毛＋夫人）躺著的床上，那是我很眷戀的睡前時光。聽著夫人和黃阿赧正聊著當天在幼稚園裡做鳳梨酥、打小麥草汁等有趣極了的活動，一旁的黃毛毛吸著手指快睡著了。夫人突然下了一個指令，說：「等一下我如果睡著了，你幫我給黃毛毛穿尿布。」我一想，要是健忘的我等一下也忘了，那尿濕了床墊就糟糕了。於是，我馬上起身跟黃毛毛說：「來，把拔幫你很舒服的穿布布喔！」這陣子很眷戀馬麻的黃毛毛，拔出吸著的大拇指，大聲不爽地說：「我不要！我要馬麻換！」

ㄍ＊&%$ㄢ！

我只好從黃毛毛那裡，縮回黃阿赧的身旁。就在那個瞬間，黃阿赧小妹妹溫柔地用她的手，拉住我的手，環繞過她的身體，把我和她的手一起放在她的心口。唉攸威呀，我被小女兒拒絕冷掉了的心，剎那之間就暖了起來。

當黃阿赧用她溫暖的手，拉住把拔的手，安放在她的心口，黃阿赧小妹妹，給出了全然的愛，愛到了把拔，這時，把拔的心裡有很深的滿足感。我還抱著女兒，說：「黃阿赧，你這樣愛把拔、對把拔好，把拔好開心喔！」在我的懷裡，依然緊握我的手的女兒，燦爛笑容整個綻放，美極了！我眞的沒有辦法用討好這兩個字，來形容黃阿赧六歲這年，在這個夜晚給出的這麼完整的對把拔的愛。我眞的覺得，我們父女的心，在那個雙手緊握的剎那，都安頓了。

於是我們給愛，於是我們好好接收愛，然後安頓的心，有機會存在我們親近的關係裡。好朋友之間的情誼、夫妻之間的情感、父母和孩子之間的情意，都是我們安頓的好所在。

9 一個人享受，兩個人享福

再來多講一些，我從錢穆書裡萃取而來關於親近關係的智慧。中國文化裡提到了五倫「父子、兄弟、夫婦、君臣、朋友」，錢穆說：「中國人好像在五倫中忘失了個人，其實是在五倫中完成了個人。我爲人父則必慈，我爲人子則必孝。若依個人主義言，豈不爲了遷就人而犧牲了我。但以中國觀念言，父慈子孝，乃是天性……故爲父而慈，爲子而孝，此乃自盡己心，而亦成全了他人。斷非遷就，斷非犧牲。」

錢穆的這段話，在我心裡，迴盪許久許久。一代國學大師，下了這麼重的詞「斷非遷就，斷非犧牲。」我猜，我懂這麼重的詞，在說什麼。

活在中國文化影響下的我們，當一個慈愛的爸爸，是天性。做到了，看到孩子滿足開心，就有一種說不出的滿足感。不是孩子要求我們當一個慈愛的爸爸，而是我們自己很想這麼做（這就是「自盡己心」）。當了爸爸的我，每回去港澳帶訓練，就會很想很想家裡的兩個女兒；孩子發燒生病，就會很牽掛很牽掛……這就叫作天性。所以，當然不是遷就，當然不是犧牲！（斷非遷就，斷非犧牲）

不僅不是遷就、不是犧牲，是很珍貴又眞實的天性。是一旦完成了，會同時完成了自己，也完成了別人。父母的慈愛給了孩子，孩子接收了，就滿足了；孩子的孝給了父母，父母接收了，也能滿足沒有遺憾了。於是，從這個角度來說，那些如果我們做了以後，會（深吸一口氣）說：「這樣人生就沒有遺憾了！」的那些種種，不就剛好是我們面對死亡，所要做的準備。從錢穆的觀點來看，就是把我們的心，安頓在別人的心上。用我簡單的語言來說，就是，好好地對人好。

剛結婚時，跟夫人去了一趟日本北海道旅行。有一天，來到洞爺湖國家公園裡，一個座落在整個籠罩在白雪山頭的溫莎酒店，安靜美麗到了極點的飯店。從飯店房間看出去，可以看見美麗的湖、純白色的山，泡湯的時候，細細的白雪就這樣輕輕地落在冒煙的臉上……

一直記得的，是剛要走進這個美麗的飯店門口時，同旅行團的一個五十幾歲的婦人，對著她的老公（依稀記得是個快退休的國小老師）說：「老公，你帶我來這裡，我這輩子嫁給你，值得了。」

這句短短的話，讓我很觸動，也可能是我聽過最美的情話了。可以想像，這對平凡的夫妻，經歷了大家都經歷的生小孩、照顧孩子長大、照顧老人家、還房貸、身體病痛、職場上的勾心鬥角、人生的種種辛苦與不完美……而今，在這個安靜又美麗到了極致的飯店門口，這個太太，覺得嫁給這個老公，沒有遺憾，覺得這輩子的付出，值得了。這個剎那，就是一種完成。

先生對太太有一份情，因爲很多的願意，安排了這趟旅行來愛太太；而太太，完完整整地接收到了，愛，就完成了；而先生的心，也安放在太太的心上了。彼此的安頓，在這個剎那完整地發生了；因爲安頓了，人生的使命，就完成了一部分。這樣的事情，多發生幾次，安頓了一個部分又一個部分，人就有機會逐漸準備好「隨時隨地可以死」。

在關係裡安頓完成

錢穆說：「佛家之涅槃，耶教之天堂，老子之無爲而自然，都屬憧憬此（無限）境界。孔子則吃緊爲人，把捉此一段有限之生命，即在此有限中下功夫，只求此有限之完成……」

我自己常常很羨慕我的夫人擁有天主信仰，在她的心裡，死亡，是到了另一個再美好不過的地方了，沒有苦痛，只有喜樂。我自己信媽祖，從小媽媽牽著我的手，到大甲媽祖廟拜拜，每回媽祖進香回來，熱鬧非凡的街上，來自各地的攤子，滿滿的人在媽祖廟旁的夜市，那是我童年少數豐富又歡樂的記憶。

我信媽祖，所以，得永生，不是我根深柢固打從心底而來的相信。當我看到錢穆寫著「孔子則吃緊爲人，把捉此一段有限之生命……」我的心大大地被震了一下！那個震一下，是在說「對對對！這是我能相信的，這是我可以化爲行動的！」這樣的哲學觀，說的是：把握住這一生有限的生命，下功夫好好活著，好好付出，好好完成眞正想完成的。這樣的觀點，讓我可以打從心底接進來，然後開始好好去做，同時可以想像，當我做到了這些，那麼臨死前，我眞的會少掉很多遺憾。

有意思的是，西方心理學非常強調自我實現，說的是我們有一個理想我，還有一個現實我。理想我充滿了對未來的憧憬與期待，而現實我，是當下的處境。自我實現，說的是，我怎麼從現實我，走向理想我。上面的這一段短短的話，就出現了七個「我」字。出現這麼多我，反映了西方心理學的個人主義哲學基礎。個人主義講究的是個人的自我實現，自我實現的概念，透過北美心理學的強勢傳遞，散布到了全世界，然後很多很多人，都不假思索地，就把這樣的觀點當作是普世皆然的。三思啊，三思！東方文化，不怎麼講實現，講的是「完成」。

我們的文化看重這一份完成，從五倫裡完成，也就是**從關係裡完成**。我自己常常愛想東想西，最近想著一個挺有趣的觀點：「享受」與「享福」的差別。我們的語言裡，會這麼說：

「喔！你吃這麼好，很享受喔！」

「哇，生意這麼好，你一定很享受賺錢的快感！」

「專業發展到了頂峰，你一定很享受那一份成就感。」

這「享受」，常常是很個人的。

而「享福」，常常是在關係裡完成的。

我們的對話裡，會這樣說：

「哇！含飴弄孫，安享天年，眞是享福啊。」

「你爸媽準備一棟房子讓你們夫妻不用背貸款，眞是祖宗積德，有福氣呀！」

「你眞好命，享齊人之福！」（這個舉例是有點怪怪的，但卻是不少人偷偷期待擁有的福氣。）

似乎，常常可以自己控制、自己努力求來的，是享受；而在關係裡擁有的，是享福。我們生活的氛圍裡，有時候，覺得福氣比享受來得更深刻。我猜，是因爲享福是「完成」的徵兆之一。因爲在關係裡好好付出，吃緊爲人，對爸爸媽媽好、對太太先生好、對兒子女兒好，這些，都是享福。付出本身，已經是享福，收穫，更是享福。

好幾年前有一天傍晚，在廚房與客廳的交界之處，剛學會走路的黃毛毛，用心保持站立姿勢，拿著電話，假裝打電話，大聲說「媽！」黃阿赧小妹妹開心地說：「馬麻！毛毛叫你媽耶！」（黃阿赧會這樣說，是因爲毛毛已經叫了一個月的把拔，但是不會叫媽媽。）正在煮餛飩的夫人，轉頭微笑，極致溫柔的看著毛毛說：「你在打電話給馬麻喔！」

我坐在書桌前，滿足地看著這美好的一幕，這個剎那，孩子愛著爸爸媽媽，爸爸媽媽愛著孩子。我們，都正在享福；我們，都正在完成。

去五星級飯店度假、喝下午茶，我們會說眞是享受。一大家子塞滿了整車的行李，開著車去環島，我們會說，能這樣全家人一起出遊，眞是有福氣。有時候，帶著家人一起旅行，眞的是非常累人的事，同時，當有一個剎那，看見孩子在游泳池裡玩水的自由奔放、在沙灘上盡情奔跑的笑容，突然會覺得：「値得了！這樣旅行的奔波辛苦，値得了。」這個跳出來的念頭「値得了」，就是很直接的一份在關係裡安頓了自己的心。因爲，在孩子無價的笑容裡，我們當父母親的人生任務，有了一種完成。

親愛的朋友，在關係裡完成自己，就正好是錢穆說的「人倫作對」。這裡的「作對」指的是，關係裡的完成，常常不是單方向的，而是雙向（成對）的連結感。我對你好，而你接收到了我的好，因而自然也給出對我的好，這樣的給與收，就像是撲克牌的對子（pair）一樣，一起發生的時候，特別美好；也像是打網球的雙打組合一樣，一起努力，就有力量。

如果我們用心、單純地愛著身邊的人，而正好身邊的人也願意愛著我們，那麼愛就完成了。於是，說不定，對於死亡的害怕，會悄悄地變得小了一點點。

10 深情而不眷戀

時間：西元二〇二四年七月十九日（民國一百一十三年）
地點：台灣台中

這一天，有從台灣各地、新加坡、馬來西亞、香港、上海、北京搭飛機來的華人諮商師、社工師們，群聚在這個有劇場舞台的場地裡，這是連續五天的治療美感工作坊的第五天的傍晚，五天十場的治療示範剛剛落幕。半個小時前，治療示範最動人的時候，好多人都落淚了，好些人不知不覺間連著五天都靜靜地落淚，而流出的眼淚一天比一天清澈舒暢。

明亮的燈光剛剛才熄滅，原本坐滿了一百零八人的座位裡，流動著很舒服的南王部落的原住民歌曲，像是跟各國來的專業人士輕輕說聲再會。離舞台很近的地方，剛剛完成第十場示範的五十五歲的治療師，鬍子有點花白了，鬆了一口氣，眼睛柔和地看著幾位年輕充滿熱情的學習者，溫和地回應著一個又一個熱切的問題。離舞台沒有太遠的一個角落，一個長髮及肩的十八歲少女，大大的晶瑩剔透的眼睛，美麗的眼神落在有著花白鬍子的治療師身上，帶著喜歡的口吻，輕聲跟一旁的朋友說：「那是我爸爸。」

寫上面這段文字的時候，我的眼淚數度奪眶而出。如果，今天的我眷戀著安逸的兒童戲水池，不敢跨步走向大江大海，這個讓我感動的場景，就不會有發生的可能。

二〇一三年的我四十三歲，十二年後，我五十五歲，鬍子可能有些花白了吧！對於心理治療專業，我有很深很深的深情。於是我許願，五十五歲的我，請老天爺保佑我，有這麼一天，我會擁有美好的智慧與能力，讓想幫助人的朋友們嚮往，願意搭飛機來一起學習。那一天如果來到，可愛的女兒黃阿赧，剛好十八姑娘一朵花。

在一直輪轉的時間河流裡，什麼，要深情？什麼，能不眷戀？我喜歡對人深情，我願意對人的辛苦與掙扎深情，我喜歡深情地凝視女兒，想著有一天她長大以後會有的樣子。我對環境的改變，不眷戀。環境總是一直變一直變，記得美麗島事件發生的時候，我十歲，大家都說，都是施明德策畫了美麗島事件，讓台灣的治安惡化了；十幾年以後，政黨輪替，大家都說施明德是少數眞正有遠見的政治家；那次去小巨蛋聽縱貫線演唱會，很巧的，施明德的座位剛好在我的左手邊，他和女兒的座位因爲沒有連號沒辦法坐一起，我微笑地看著這對父女，讓座給他的女兒，在我眼中，三十年政治生涯的浮沉，一點也不影響他跟女兒靠在一起聽歌的深情。

環境總是會變，而能力，也會隨著時間持續地變化著。十五年前的我，開始嘗試教書，在新竹的青草湖社區大學教可愛的社會大眾，一堂課一堂課的準備，幻想著有一天我成爲大學教授，會是多麼美好的事。十年之後，夢想成眞了，我眞的當了大學專任教授，可是，十年來累積的好能力，一不小心，似乎已經可以做更多的事情了。

在生涯發展的過程裡，如果能力增長了、變化了、重視的價值觀移動了、不一樣了，就有機會選擇不眷戀。我累積了的治療功力、闡釋助人歷程的精確能力，逐漸地到達可以提供專業諮商師訓練的狀態，已經改變到了這裡，就是不眷戀過去夢想的時候了。

不眷戀的門票：活在生命的流裡

幾年前一個週間的下午時分，在中興大學的摩斯漢堡，小小明亮的空間裡，我聽著一位清秀認眞的高中輔導老師說著話，她說著這幾年來如何熱愛自己的工作，期望能做得更好，我聽著聽著，心裡讚嘆：「哎呀！這樣熱愛自己正在做的事，眞是活在生命的流裡呀！」

「活在生命的流裡」，是我的好朋友王理書常常使用的話。我的理解是：在生命的這個階段這個時刻，如果我們活在生命的流裡，我們會自然地活跳跳，會有熱情，會有意義感，會有愛的流動。

那天從摩斯漢堡回到家裡，剛好接到一通電話，電話那頭是幾年前的同事，學成歸國又回到系上教書。電話裡的她，急切地表達著對於我這個同事決定專心做諮商訓練的不解：「唉攸，黃老師你教書教得這麼好，學生最愛的就是你了，你怎麼不教了，我自己當老師的，以前看系上的學生那麼愛你，都很吃味的！」我聽完微笑回答：「謝謝你這樣說，那是前幾年的事情了，現在熱情少很多了，謝謝你啦。」

對於同事口中描述的那個「學生很愛你的」的世界，說眞的，是不眷戀的。我的確享受被喜歡、被崇拜、被羨慕，但是爲什麼不眷戀呢？不眷戀，是因爲那曾經是我生命的流，六七年前是的；現在，不是了。

四手聯彈工作坊，是我最近三年多來，很享受和黃錦敦、林祺堂一起合作帶領的治療美感工作坊。很幸福的是，這兩位投入生命情感的台灣敘事治療工作者，不但是我專業上尊敬的同儕，也是我生命中的好朋友。

我們一起合作四手聯彈時，每天早上會有兩個半小時的治療示範時間，會有一位成員自願當被訪問的主角，我總是享受看著主角被好奇地傾聽、慢慢問，一點一滴地收集小故事，然後看見轉化與移動在不知不覺中發生……因爲我常常負責最後一棒，於是有充裕的時間，安靜又讚嘆地看著錦敦溫柔又安穩地碰觸著生命故事的入口，敲敲門、按按鈴，從門縫裡感受裡頭的溫度與光線；錦敦交手給祺堂之後，我開始在祺堂清晰的結構問話裡，看見生命的大景與色彩的組合，然後在奇妙的問與說裡，會突然發現主角看待自己的眼光，開始有了顏色的變化，那個剎那，我會有一個更深的懂了的深呼吸……然後，祺堂會聽懂我的深呼吸，說：「哈克準備好了，我們把時間交給哈克，好嗎？」這樣，自然地把最後一棒交給我。

接下來，我走到音響旁，選了音樂，拿起麥克風開始說話。說我聽懂了的主角的心，用隱喻故事，說心疼、說了解、說掙扎、說那些原本因爲困住而看不見的可能……

兩個半小時的時間裡，除了傾聽主角的內在，我們還要感受彼此的律動與心意，然後接住上一棒，做好自己這一棒，傳給下一棒。不管誰先誰後，我們其實都是一起的。祺堂上場的時候，我常搖頭讚嘆，深呼吸與嘆息聲，我們彼此都聽得見；錦敦上場的時候，我常常流淚感動，流淚的表情，迴盪在場子裡；我上場放音樂說隱喻故事的時候，祺堂常常閉上眼睛，一邊搖頭一邊微笑，而錦敦總是虔誠的閤上雙眼，頭側一邊專注的聽著，就像太鼓的合作演出，鼓聲隆隆，鼓棒舉得與天一樣高，但是我們聽得見彼此的鼓聲。在生命的這個時刻，在和好朋友一起合作的當下，我知道自己真的活在生命的流裡。

我的父親五十歲就從高中老師的位置退休了，退休後的這二十幾年，父親每天早上五點起床，做熱身運動，騎腳踏車去海邊看海撿海瓜子，回家吃簡單的早餐、看書，然後看電視運動頻道的網球和撞球，中午睡午覺起來看一部ＨＢＯ的電影，下午騎腳踏車去街上，有時候會送自己種的蘭花去給大甲街上開店的學生擺漂亮的，傍晚去田邊看夕陽。這幾年，多了一點點不一樣，就是和兩個可愛的孫女玩。我的父親二十幾年來，都活在平凡單純、平靜又不求人的生命流裡。

我們家夫人，生孩子之前是國立大學諮商中心的專任老師，學生愛她，她也很愛做諮商與督導。只是幾年後，生命的河流移動到了新的位置，於是，夫人做了新的選擇，不眷戀於上一個享受與掌聲，選擇離開專任工作，選擇當一個有充裕時間照顧女兒長大的馬麻。於是，營養的均衡、幼稚園的選擇、玩具適時更換、生活常規的訓練，都成了夫人這個生命階段的重頭戲。那天，夫人跟我說：「我今天最快樂的時刻，是黃阿赧睜開眼睛的時候，對我微微一笑。」那個刹那，夫人好好地活在讓愛得以順暢傳遞的生命的流裡。

如果，能夠覺察自己在生命的這個時刻，是不是活在生命的流裡，那麼，就能夠選擇停留在上一個選擇裡，或是不眷戀地移動到下一個選擇。所以呀，在生命的重要時刻，可以停下來問：「現在的我，是活在生命的流裡嗎？」過去幾年，你最享受的是什麼？最近的你，還享受嗎？如果享受，那眞幸福。如果不再享受了，不再有熱情了，那麼，你生命的流，流到哪裡了呢？

因爲深情，所以奮力，因爲深情，所以堅持，所以停留許久。而比較難的，是深情許久的種種，在種種改變之後，是不是也可以不眷戀的，深深吸一口氣說聲再見，然後，大聲地呼出一口氣，完整迎接下一個當下，大聲說：「嗨！」

因爲深情，所以生命有厚度的累積；因爲不眷戀地移動到下一個生命的流裡，所以，可以能量流動地活得好；因爲能移動，所以能找到活得更好的可能；因而能好好對待身旁的人，這樣一來，親近關係，就更有機會發生了！親愛的朋友，什麼是你依然眷戀的？什麼會讓你想邁開大步迎風向前、讓你大聲唱起縱貫線的那首歌：「出發吧！別問那路在哪。迎風向前，是唯一的方法！」

附錄

愛親近・親近愛

——關於本書的討論題綱，
供讀書會、團體共讀使用

謝謝幾位好朋友：
紀寶如、
林孟怡、
林欣瑤、
劉慧屏、
林素妃、
林筱姍、
岳俊芳、
王玟嵐、
廖慧貞，
幫忙腦力激盪出這些實用的討論問句，
哈克在此致謝。

整本書

■閱讀時，哪些句子讓你忍不住「停留」，哪些段落讓你忍不住讀慢一點、忍不住多讀幾次，忍不住就想起了自己的經驗？請你分享這些句子，分享你與這些句子的連結。

■閱讀時，哪些句子讓你心裡會冒出一個聲音：「ㄟ！我想要在生活裡試著這樣跟自己說話。」請你分享這些句子，說說你挑中這些句子的心情、想法、生命故事……

Part I 如何擁有親近關係？

1他，是我要的人嗎？——盆栽與大樹

■在你的情愛關係裡，如果用一個東西來代表的話，你像什麼？對方像什麼？

■目前在你的關係花園中，是怎樣的風景呢？花園裡有些什麼呢？

2耍賴，是關係裡的一種測試
——小花豹找小花貓的故事

■面對情人的無理取鬧時，不只是要回應「耍賴」的主題，更重要是去回應耍賴的這個「情緒」。在生活中自己是否也曾出現過這種「耍賴」？而背後想要表達的情緒是什麼呢？如果把它說出來，可以怎樣說？

■感覺看看，自己或對方心中那個耍賴的孩子，是幾歲呢？說說那個年紀的自己的故事。

3談戀愛，不就是要認真嗎？

■每個人幽默風趣的表現不一樣，有什麼是自己做了容易得到別人會心一笑的舉動？

■在經營關係中，除了認真、努力之外，自己還有什麼特質可以為這份關係增溫？

■「不是每件事都需要百分百認真，有些事情，就讓它好玩就好」——使用哈克設計的愛情卡，挑出自己擅長的兩張卡，當作這個月的活動主題來發揮好玩一下！

4原來爭吵可以不一樣──我們重來一次，好嗎？

■生命裡，誰會讓你心動想「重來一次」？是他／她的什麼，讓你這樣願意？

■**【讓火流過去】**練習：深呼吸、摸一摸頭、動一動關節、喝一喝水、視線轉移一下、吐氣說：讓火流過去。

■爲自己找出一個核心需求的數學式子，例如：「吵架時不大聲＝可不可以，有一個人眞的能溫柔對待我」。

我的式子是：＿＿＿＿＿＿＿＿

■你在關係裡，什麼時候會陷入比賽、論輸贏的狀況？當這樣的情況發生時，你會希望伴侶如何對待你？

■**看懂關係裡的核心需求**

與想要好好維持關係的人吵架，眞是一件會讓人生氣又難受的事。你是不是也有這樣的經驗？在還看不懂自己與對方在關係裡的「不怎麼合理」的核心需求時，常常在關係裡撞得滿頭包。邀請你說一個關係裡的爭吵經驗，讓小組的伙伴或好朋友來幫你找找在關係裡的「不怎麼合理」的核心需求。

■尋找重來一次的力量

很機車的核心需求的後頭，有一份渴求，有一份懇求，有一份從很早很早以前就有的期盼。在衝突中，願意說出「重來一次，好嗎？」的那個人，需要有很大的勇氣與願意；聽到邀請，願意深呼吸，說「好」的那個人，也要有很大的勇氣與願意。邀請你再讀一次文章，找找看文章裡的段落，分享看看哪些句子可以激發你重來一次的力量。

5關係的滿足，來自於讓情有交會

■請爲這句話造句：「來，來打開心，當我的心打開了，我將迎接的是……」

■分享一兩件在你的生活裡「停不下來，迷失」的事情。

■你過去一整年的生活裡，最想記得的是哪些事？

6愛，是彼此凝視，才有的

■在這一星期裡，試著去「凝視」你的一些重要關係人，像是爸爸、媽媽、先生、太太、小孩、摯友……在下次的聚會中分享你的發現。

■對你而言，照顧和寵愛的差別是什麼？你什麼時候處在照顧的位置，什麼時候是在寵愛的位置？

■「帶著時間長度的眼睛看一個人，就不容易被他現在的樣子困住：有機會重新看見並且接近身邊的這個人」，把你們相識的時間，劃分爲三到五個時期，來說說不同時期的你和他是什麼樣子？彼此最享受的時刻是什麼？

Part II 播下親近的種子，讓愛成為一種能力

1表達之前，先懂自己——小熊拿箱子的故事

■爲自己尋找一個自我認同隱喻，爲自己創造能覺察自己、好好表達自己的語言文字。

2關係的頭號殺手——情緒的瞬間位移

■說說你曾有過「情緒瞬間位移」的小故事。瞬間位移前，你會有哪些訊號？如果翻譯者出現了，他會怎麼幫你說話？

3忍住原本被寫好的對白——情緒瞬間位移的第二帖藥

■透過「滋養關係」的小活動，你對自己記錄下來自動化反應的「行爲思考情緒序列」有什麼樣的發現？而這樣的發現會如何影響你的親近關係？

4用麥克風預告——情緒瞬間位移的預備解藥

■在這一篇裡，有哪個部分的故事讓你很有感覺？你有過類似的經驗嗎？你會如何運用「麥克風」的預告在這樣的經驗中？

5小改變就能讓我們更親近——我不完美，但我有很多的美好

■在關係中感到被否定而爆炸的時候，常常是因爲內心深處無法接受不完美的自己。認眞地想出三個關於自己的美好，例如「我打球開心是美好」「我樂於與好友分享好東西是美好」「我唱歌盡興是美好」，試著在感覺被否定後回憶起這三個句子（也可以把這三個句子寫下在一張小卡上，當做是自我砥礪的小撇步）。

■分享一兩件你與伴侶的爭吵戲碼，透過這樣的分享，你看見自己與對方的死穴是什麼？當這樣的戲碼下次再發生時，你可以加入哪些新的好東西？

8 有症狀出現，或許是你準備好了——許給自己一個家

■在這次聚會的現場播放「爲自己創造一個家」的CD，享受這段約十分鐘的內在旅程，完成後與其他成員分享在其中的經驗。

Part III 心暖了，愛就在了

1 等待，是一種必然

■說幾個在關係中曾經很受不了對方的行爲，但你是怎樣做出「讓」？而讓情況沒有惡化。

■在關係裡，「讓」是一份願意，是一份決定，更是一種能力。在你們的關係裡，你做了什麼，是你「讓」了你們的關係？他又做了什麼，「讓」了你們的關係？

■在一段關係裡，有時候很煎熬，你用了什麼方法，可以讓自己繼續愛？有時候是回憶剛開始在一起的美好、有時候是想像一起走到未來的期待、有時候是把更多的愛回到自己的身上？你呢？用了什麼樣的好方法，讓自己在一段關係裡，繼續愛？這個愛有時候是愛自己，有時候是愛對方，更有時候是愛這樣的一段關係。

2不放大痛苦來控制對方

■你有「該該叫」的習慣嗎？分享一兩個自己的經驗。

■親近的關係裡，有沒有人常透過「放大痛苦」來控制、威脅你呢？請分享你的經驗，並說說當下你的心情、感受和想法。

■問問自己：你是否也會使用「放大痛苦」這個策略？你最常放大自己哪些痛苦呢？你常在誰的面前放大痛苦？

3我可不可以是這個城市的風景？

■生活裡，有什麼事情會讓你投入去活、投入去愛、投入去給、投入去看？

4親愛的爸爸，我要謝謝你

——因爲都說了，所以就不怕了

■找一個安靜的時刻，讓心裡自然浮現一個對象，拿出筆或電腦，寫下：

「親愛的某某，我要謝謝你……」

5心暖了，家就在了

■三口井在，你的人生就容易流動，但如果這三口井乾枯了，那人生也很難精采。仔細看看你的三口井各在哪裡？各是什樣的溫度？而你現在最有力氣去加溫哪一口井呢？你可以多做什麼或少做什麼，好讓這樣的一口井溫暖起來？

6 剛剛好的自責分

▪ 想個你願意而且有能力去做的善行，規畫一個好日子（一個月內）認眞地、徹底地執行計畫。

▪ 分享幾個你人生中「如果那時候……」小故事。

▪ 分享幾個你人生中「還好，那時候，我有……」的經驗。

7 愛你，不是討好，是在安頓我的心

▪ 我對於身邊的人做什麼，是在安頓我的心在她/他的身上？這樣做不是討好，而是在爲自己好。

8 一個人享受，兩個人享福

■你現在的生活裡，發生了什麼是享受？發生了什麼是享福？而這樣的比例，可以如何調整？有時候讓自己享受多一點，有時候讓自己享福多一點。

9 深情而不眷戀

■過去幾年，你做什麼事是最享受、流動的時刻？最近還有享受嗎？如果還有，那眞好！如果沒有呢，那你生命的流，想要流到哪裡呢？

國家圖書館出版品預行編目資料

讓愛成爲一種能力：在關係中滋養彼此，讓你更敢愛、懂愛、親近愛 / 黃士鈞（哈克）著. -- 初版. -- 臺北市：方智，2013.10
256 面；14.8×20.8公分 --（自信人生；112）

ISBN 978-986-175-328-7（平裝）
1.愛 2.人際關係

199.8 102017169

The Eurasian Publishing Group
圓神出版事業機構
用心與你對話・視野無限寬廣
方智出版社
Fine Press

http://www.booklife.com.tw
reader@mail.eurasian.com.tw

自信人生 112

讓愛成爲一種能力——

在關係中滋養彼此，讓你更敢愛、懂愛、親近愛

作　　者／黃士鈞（哈克）博士
發 行 人／簡志忠
出 版 者／方智出版社股份有限公司
地　　址／台北市南京東路四段50號6樓之1
電　　話／（02）2579-6600・2579-8800・2570-3939
傳　　眞／（02）2579-0338・2577-3220・2570-3636
郵撥帳號／13633081　方智出版社股份有限公司
總 編 輯／陳秋月
主　　編／賴良珠
責任編輯／賴良珠
美術編輯／李寧
行銷企畫／吳幸芳・陳姵蒨
印務統籌／林永潔
監　　印／高榮祥
校　　對／柳怡如・黃士鈞・林欣瑤
排　　版／莊寶鈴
經 銷 商／叩應股份有限公司
法律顧問／圓神出版事業機構法律顧問　蕭雄淋律師
印　　刷／祥峰印刷廠
2013年10月　初版
2022年11月　11刷

定價 300 元　ISBN 978-986-175-328-7